公共安全与危机管理

本丛书由复旦大学211三期“公共安全与危机管理”项目资助

Xinlixue Zai Daxing Gonggong Huodong Zhong De Yingyong

孙时进 编著

心理学
在大型公共活动中的应用:
以上海2010年世博会为例

上海三联书店

总序 Foreword

在全球化背景下，中国的市场经济转型，在创造着经济增长、现代化进程的奇迹的同时，也把我们带入了一个“风险社会”(risk society)，我们正处在一个社会风险不断累积、突发事件频发、公共安全危机的破坏性不断扩大的风险社会之中。

发达国家有关社会风险与公共安全管理的先行探索，提出了诸如风险社会理论、公共危机管理的系统理论、结构不良理论、文化理论等有较大影响的理论观点。这些理论对我们认识当前中国转型社会的风险和公共危机，具有一定启发意义，但中国转型社会的特殊性所提出的问题，超出了既有理论的解释能力。

基于对中国当前社会发展的基本判断，在统筹、集成文、理、医传统优势学科的基础之上，复旦大学面向国家、区域发展的重大战略需求，在“211 工程”三期重点学科建设中设立了“公共安全与危机管理”项目。

本项目把研究聚焦于“中国长江三角洲地区公共安全与危机应对”，着重在三个方面开展研究：(1)当前中国转型社会公共安全的风险辨识与成因研究；(2)中国社会的社会风险和公共安全的测量指标体系研究，以及相应的数据资料的搜集方法、数据库建设、资料分析和模型建构研究；(3)基于以上理论研究和经验资料的社会风险和公共管理管理模式设计和政策研究。

本项目发挥复旦大学多学科的综合优势，在以问题为导向的研究实践中，集合了来自政治学、法学、管理科学、经济学、社会学、人口学、公共管理学、传播学、心理学等学科领域的专家学者，而以社会发展与公共政策学院为项目的组织协调单位。

经过 4 年的努力工作，在吸收、借鉴发达国家已有成果和经验的基础上，将公共安全的管理、公共安全的危机应对这一新兴、兼具理论性和应用性的交叉学科，置于全球化和中国转型社会的背景中建设：以全球化背景下中国转型社会的制度安排、制度设计、制度变迁所可能产生的公共安全作为研究对象，着重研究与转型社会的制度安排有关的社会风险、公共危机及其管理；以长三角都市圈这一集中了各种社会危机与公共安全问题的区域社会为研究基地，把学科建设与决策咨询紧密结合起来，针对目前我国社会风险和公共安全管理中存在的基础研究不能为管理应对提供理论和技术的缺陷，解决社会风险和公共安全管理实践中的重大理论问题和技术难题，为之提供坚实的科学依据，在学科交叉融合中寻求公共危机管理的理论创新，孕育出新兴学科的增长点。

呈现在读者面前的这套丛书就是这个项目的主要学术成果，作者们从不同的学科背景出发，围绕公共安全和危机管理这个主题，进行了深入的理论探讨和对策研究。由于社会变迁进程的复杂性，丛书作者们的研究还具有学术探索性，所提出的一些学术观点和对策方案还需要经过更多的理论研究和实践检验。希望本丛书的出版能够为研究者提供有益的学术参考，为政府部门提供可行的对策思路，为广大读者提供有关公共安全和危机管理领域的基本知识，以推动本学科的发展。

感谢所有参与本项目研究的专家学者、学生和行政管理人员，感谢上海三联书店对本丛书出版所付出的辛勤劳动。

复旦大学社会发展与公共政策学院
彭希哲
2012年3月20日

目录 Contents

第二篇：实践篇

第三篇:启示与展望

编者序 Foreword

由上海增爱基金会出资主办、复旦大学心理研究中心承办、上海市心理咨询行业协会协办的“世博心理服务项目”是心理学第一次比较全面、深入地介入国内的大型公共活动中。认真总结这个项目的意义、价值、经验和模式对今后心理学更好地服务于大型公共活动，以此提高大型公共活动的效率、影响力和品质有着重要的意义。本书就是以世博心理服务项目为例探讨心理学如何更好地应用于大型公共活动中。全书分为三篇九章。第一篇理论篇首先探讨了大型公共服务定义及特点，其次阐述了大型公共活动中的心理学应用，接着介绍了心理学服务的模式，最后讨论了心理服务从业者的资质及伦理。第二篇实践篇中主要对整个“增爱世博”心理服务项目的缘起和实施过程做了较详细的介绍，第三篇是根据“增爱世博”心理服务项目的实践和总结，对今后如何更好地开展这类活动提出了对策和建议。这是国内第一本探讨心理学如何应用于大型公共活动中的书，我们也希望通过这样的探讨，能使心理学在服务社会上作出自己的贡献，并且也使心理学在服务社会的同时获得自身成长。

参加全书撰写的有孙时进、高隽、吴国宏、蒋强、丁志强、陈雪和林婧婧。感谢上海增爱基金会为此书的出版提供资金上的支持。

第一篇

理论篇

第一章

大型公共服务定义及特点

第一节　大型公共活动的定义和特点

一、大型活动定义

大型活动是一项有目的、有计划、有步骤地组织众多人员参与的社会活动。这一定义要把握三个重要概念：

1. 大型公共活动要有鲜明的目的性。大型活动通常都有明确的目的。大型活动将要达到的社会性的目标和经济目标在一定程度上决定了活动的性质、规模以及过程。

2. 大型公共活动要有计划性。凡事都应有计划，大型活动更不例外，而且要求有更周密的计划，包括策划与组织、现场执行、突发事件应对等计划。

3. 社会各界广泛参与，社会化程度高。既然是大型活动，就应该有众多的人员参与，但并不是参与人数多就是大型活动。比如举世瞩目的2008年北京奥运会光是运动员、教练员和政府官员的参与就达6万之众，参与的广泛度刷新世界记录。

二、大型活动的特点

1. 目的明确

自古以来，无论是开国大典、联合国大会，还是奥运会、世博会，大型活动都具有明确的目的。就拿奥运会来说，在《奥林匹克宪章》就清楚地阐述了举行奥运会的宗旨，即“通过没有任何歧视、具有奥林匹克精神——以友谊、团结和公平竞争的精神——的体育活动来教育青年，从而为建立一个和平的、美好的世界做出贡献”。① 而对于一个国家来说,举办和参与奥运会具有特殊的意义。各国参加奥运会不仅展示一个国家的竞技体育运动水平,更重要的是展示一个国家、一个民族综合实力和民族素质。2008年北京奥运会表达了中国人民与世界各国人民共有美好家园,同享文明成果,携手共创未来的美好愿景。通过北京奥运会,中国政府希望能推动中国经济的发展,而且还希望借此激发华夏儿女的民族自强之心,成为中国未来发展的强大动力。

2. 广泛的社会传播性

大型活动的社会传播性主要体现在两个方面。一方面是大型活动参与者众多,比如2008年北京奥运会,参赛国家及地区204个,参赛运动员11,438人。另一方面,大众传播媒介,特别是新兴媒体推动了大型活动的社会传播。比如在北京奥运会期间,新浪、腾讯、网易三大门户网站联合在一起组成奥运报道联盟,最大力度地推广奥运。根据全球知名媒介和资讯机构尼尔森在全球37个国家和地区所收集的数据表明,从8月8日至8月24日收看北京奥运会的观众达到了47亿人,约占全球人口的70%。比雅典2004奥运会的39亿观众数增加了约21%,比悉尼2000奥运会的36亿观众人数增加了约31%[1]。

3. 严密的操作性

大型活动不仅涉及庞大的人群,而且牵涉的社会因素也非常多。比如场馆的建设;各方参加人员的交通以及食宿;大量专业设备的购买、存储、调度和维修;主要工作人员的聘用;志愿者的招募、培训和组织工作;各类合同管理以及与赞助商、供应商、行业协会等缔约各方的关系维护。大型活动从策划到申办,再到实施,每一个环节都需要细致谋划,周密协调,可见其操作管理的严密性。如果稍有疏忽,都会导致难以预料的后果。

4. 高投资性

高投资性是大型活动的另一特点。大型活动需要人、财、物的大量投入。一个大型活动往往要投入的资金和费用都是比较大的。以北京奥运会为例,7年投入总和2800亿元人民币,用于城市的基础设施、能源交通、水资源和城市环境建设。整个奥运会的场馆建设资金投入,包括新建场馆、改扩建场馆和临时性的场馆,还

---

① 《奥林匹克宪章》,是国际奥委会制定的关于奥林匹克运动的最高法律文件。宪章对奥林匹克运动的组织、宗旨、原则、成员资格、机构及其各自的职权范围和奥林匹克各种活动的基本程序等做出了明确规定。奥林匹克宪章精神是奥林匹克运动的实质内容,《奥林匹克宪章》指出,奥林匹克精神就是相互了解、友谊、团结和公平竞争的精神。

包括改建的独立训练场馆，总投资约在130亿元人民币左右。在人力投入方面，仅仅消防警力一项，按照测算，开幕式上就用了2000多人，其中奥运场馆安保团队多达1000多人，另外还有1205人担负反化学和核生物恐怖袭击。[2]

三、大型活动的作用

虽然大型活动的组织和实施需要消耗大量的社会资源，是一项复杂的系统工程，但是其巨大的经济和社会效益，广泛的影响力，也让众多国家和组织垂青于它。大型活动的直接和间接的效益和作用如下：

（一）直接的效益和作用

1. 举办者直接获益。通过大型活动举办者可以扩大组织的知名度和美誉度，树立自身的形象和品牌；实现其内外的经营目标，增加其经济的收入。

2. 承办者直接获益。承办者不仅获得经济效益，而且扩大了承办者的知名度，密切了承办者与参展者的关系。以奥运期间中国门户网站广告收入为例，在奥运效应的推动下，新浪上半年广告营收破亿，达到1.127亿美元，二季度广告营收环比增长35%；腾讯的广告收入3250万美元，环比增长57%；而搜狐为4170万美元，环比增长20%；网易的广告收入最少，环比增长38%。

3. 参会者直接获益。大型活动不仅可以为参会者提供推销产品和服务的机会，可以借此机会扩大组织经营的规模和知名度，获取信息情报。

4. 参观者直接获益。参观者可以与同行沟通联系，获取信息，开阔思路和启迪创意。

（二）间接效益和作用

1. 有效促进地方经济发展

大型活动可以提高地方的知名度，吸引投资者兴趣，比如中国各地举办的各种文化节，常常就是文化搭台，经济唱戏。

2. 有效推动城市基础建设

1990年北京第11届亚运会，给北京带来了巨大变化，开辟了8条新路和百条街道，新建了4座大型立交桥，修建和改造了不少的体育场馆，修建了亚运村，使城市面貌焕然一新。

3. 提供了大量的商贸合作的机会

每年举办的“广交会”不仅展示了琳琅满目的商品，还为参会者搭建起了沟通和交流的平台，为他们创造进一步合作的商机。

4. 促进科技文化事业的发展

通过大型活动，还能交流文化，推广技术，使得人类各种先进科学技术和文化知识融为一体，展览的美给人以启迪、激励和鼓舞，促进科学技术和文化事业的发展。

5. 有效促进商业繁荣和旅游业发展

以1992年巴塞罗那奥运会为例，西班牙接待了4000万旅游者，极大促进了西班牙商业和旅游业的发展。

大型活动会带来大量流动人口，这可以刺激活动所在地商业繁荣和旅游业的发展。

第二节　大型活动中的公共服务

一、公共服务的定义

关于公共服务的含义，有学者认为有三个层次：首先是国家的所作所为都是公共服务。国家是由立法、司法以及行政执行机构组成的权力体系。当全体公民共同拥有国家时，国家就具有公共性质。国家的目的和职能，就是为全体公民的利益和需要服务，而国家体系中的所有的机构，都是提供公共服务的机构，其工作人员都是在从事公共服务。其次，作为国家执行机构的政府是国家体系中的组成部分，其所作所为也是提供公共服务。国家的性质决定着政府的性质。当国家权力体系具有公共性质的时候，作为国家主要执行机构的政府应该成为公共服务型政府，通过贯彻国家意志、执行公共职能、提供公共服务。第三，政府除了具有经济调控、市场监管、社会管理等职能之外，公共服务也是政府的主要职能之一。政府的公共服务职能的内容和形式与前述三项职能是存在差异的。

我们认为，公共服务是政府使用公共权力和公共资源，满足公民生活、生存与发展的直接需求的过程。如果政府以某种形式介入社会生产过程，比如提供财政资金支持，获得产权或特许经营权，并在社会生产过程中在某种程度上贯彻国家意志，那么这种社会生产过程就具有了公共服务的性质。

公共服务一般可以划分为社会性公共服务、经济性公共服务、公共安全服务。社会公共服务是指通过国家权力介入或公共资源投入为满足公民的生存、生活、发展等社会性直接需求所提供的服务，包括水、电、气服务，邮电、交通和通讯服务，以及教育医疗、社会福利以及环境保护等领域。经济公共服务是指通过国家权力介入或公共资源投入为公民及其组织从事经济发展活动所提供的各种服务，如科技推广、咨询服务以及政策性信贷等。公共安全服务是指通过国家权力介入或公共资源投入为公民提供的安全服务，如军队、警察和消防等方面的服务。

上述几种公共服务的内容都是基础公共服务。基础公共服务包括三个基本点：一是保障人类的基本生存权（或生存的基本需要），为了实现这个目标，需要政府及社会为每个人都提供基本就业保障、基本养老保障、基本生活保障等；二是满足基本尊严和基本能力的需要，需要政府及社会为每个人提供基本的教育和文化服务；三是满足基本健康的需要，需要政府及社会为每个人提供基本的健康保障。当前，义务教育、公共卫生和基本医疗、基本社会保障、公共就业服务，是我国广大城乡居民最关心、最迫切的公共服务，是建立社会安全网、保障全体社会成员基本生存权和发展权必须提供的公共服务，他们是现阶段我国基本公共服务的主要内容。

二、公共服务的特点

1. 政府是公共服务的首要责任者

由于福利国家的改革、公共服务多元化格局的出现等，公共服务的概念在21世纪被赋予了新的内涵，服务的领域也得到了进一步的拓展。但是，政府在提供各种涉及人民利益的公共产品过程中，其首要责任并没有发生改变。政府对各项社会性公共服务投入的比例基本都达到预算支出的一半或更多。在公共服务领域引入市场机制，以及福利国家的改革并不意味着政府责任的弱化，而是促使政府在提供公共产品的流程和方式上进行改革。一方面，需要进一步改革和完善公共管理体制，提高公共机构效能；另一方面，需要明确公共服务提供主体的责任。发达国家公共服务供给的主体不仅包括中央政府，也包括基层政府。不同层级的政府在不同行政区划范围内的公共服务有相应的分工，而且基层政府更了解本辖区居民的公共服务需求，能够更快地对这种需求变动做出快速反应，在财务成本和时间效率方面表现更优异。

2. 在公共服务中体现并维护公共精神

公共精神指的是在公民社会中产生的以社会发展为依归的价值取向，它处于最深层的基本道德层面和政治价值层面，并渗透到政治经济文化领域的精神传统，它包含民主、自由、公共利益和担负责任等一系列基本的价值命题。当代新公共服务理论与此前的管理理论相比，更加重视民主行政，重新强调了以公共服务和公共利益的提高作为体现政府行为价值观念的行政伦理。政府在获得公民政治和经济支持的同时，必须按契约提供让公民满意的服务。同时，为了保证政府的管理和决策能够体现并实现民意，还需要建立制度化的体系，对公共服务的全过程进行有效的监督。

3. 改革公共服务实现的途径，充分发挥公共性民间组织的作用

虽然提供公共服务是政府的责任，但是由政府部门垄断公共服务往往容易出现效率低下，服务质量不高的问题，而且还容易滋生腐败。所以，公共服务需要进行改革，需要打破由政府垄断的状况，实现形式与手段的多元化，通过政府渠道实现的同时，应该发动社会其他公共服务机构来参与，应该调动公共性的民间服务组织的积极性，让他们参与到公共服务中来，从而降低服务成本，提高服务质量。就私人组织和社会组织来说，它们虽然不属于公共组织，但是在其参与公共服务过程中，政府若通过低息贷款、共同投资等方式参与其中，他们的活动就可能体现国家意志，就能有效地为社会提供公共服务。

4. 社会性公共服务供给的增长应与社会经济发展阶段相适应

不同的经济发展阶段，作为公共服务的主要承担者的政府职能也在发生着变化。在经济发展的初期，政府职能以经济性公共服务为主，随着经济的发展，政府职能逐步转向以社会性公共服务为主。同时，社会性公共服务的供给也是随着经济增长而发生着变化，在经济还不发达的时候，社会性公共服务往往是低限度的，在经济高速增长的时候，社会性公共服务在质和量两个方面都增长比较快，但是，当增长到了一定阶段之后，就会逐步出现"滞涨"的现象。因此，社会性公共服务的增长与社会经济发展阶段相适应的同时，如何提高社会性公共服务的质量，成为了需要深入探讨，积极实践的问题。对于社会性公共服务的发展，发达国家普遍经历了物质财富普遍匮乏和最低限度的公共服务供给阶段，然后是物质财富快速增长，但公共服务供给水平相对提高不快的。二战以后，进入社会经济成熟期的发达国家才逐渐能够把相对丰裕的公共服务更均衡地分配到社会各个领域，形成政府财政支出中社会性公共服务占据主体的基本格局。

5. 注重公共服务在不同地区和不同领域的相对均衡

在社会经济发展的早期阶段，由于政府财力有限，以及政府管理经验不足，公共服务供给在不同地区和不同领域的分配常常出现顾此失彼的状况。在政府

财力和管理能力增强之后，政府就可能将相对丰裕的公共服务更均衡地分配到不同的地区和社会不同领域，实现公共服务分配的相对均衡。如今，西方各国普遍高度重视应用财税政策，协调区域和领域经济发展的作用。比如，德国《基本法》明确规定国家财政应“在力求使各州收入水平和社会福利接近均衡的同时，努力缩小各州之间在公共服务能力和经济发展水平上的差距”。

三、公共服务的作用

公共服务的作用主要体现在以下几个方面。

1. 促进社会和谐，化解社会矛盾

在我国努力建设社会主义和谐社会的进程中所面临的最大挑战在于：地区间和城乡间发展不平衡、居民收入差距偏大、资源环境约束增加、内外需失衡、投资消费结构不合理等问题。这些问题又与我国当前存在的两对突出矛盾密切相关：一是居民日益增长的公共服务需求与公共服务总体供给不足、质量低下之间的矛盾；二是市场经济体制逐步建立完善，对政府职能提出了新要求，这些要求与政府职能转变缓慢之间的矛盾。公共服务是维护社会基本公平的基础，通常发挥着社会矛盾的“缓冲器”作用。因此，强化政府公共服务职能，加快改善我国公共服务状况，有利于缓解我国当前经济社会中所面临的各种突出矛盾，顺利推进和谐社会建设。

2. 健全公共服务供给的体制机制

当前在我国政府履行公共服务职责中，没有形成可持续的财政支持体制，没有建立规范的政府分工和问责机制，没有形成地区间和城乡之间资源的公平配置制度，由此严重影响了公共服务所提供的数量和质量，并制约了公共服务基本功能的有效发挥。加强政府公共服务绩效管理，强化各级政府和政府各部门的责任，促进政府间间接竞争机制的形成，有利于健全我国公共服务供给的各种体制机制，引导各级政府逐步树立以公共服务为中心的政府职能观和绩效观。

3. 推动公众参与公共服务的管理与监督

随着信息化水平和人民生活水平的不断提高，公众对公共服务需求越来越大、质量要求越来越高，对国家之间、地方之间公共服务的差异也越来越敏感，已经不再仅仅满足于知道政府在公共服务上花了多少钱，更关心这些支出取得了哪些效果，对公众的工作生活带来了什么切实的改善。从满足信息需求的层面来看，加快政府公共服务绩效评估，并形成定期公开报告制度，不仅为政府进一步改善我国公共服务提供决策参考，而且可以满足公众的信息需求，提高他们参与政府管理和监督的能力，有利于推动决策的科学化和民主化，有利于提升政府在公众心中的公信力。

4. 提高公共资源整体配置效率

政府作为资源配置的最重要的主体之一，其竞争力已经成为决定国家竞争力的重要因素，而政府竞争力又直接体现在资源配置中的管理能力和效率。有数据显示，当前中国政府在资源配置方面的职能不仅没有削弱，而且还在不断加强，我国成为了比较典型的"大政府，小社会"国家，政府部门众多，政出多门，队伍庞大，人浮于事，政府行政效能亟待提高。因此，加快完善我国政府管理体制、确保政府的高效运行、充分发挥公共服务职能、不断提升政府管理效能和竞争力，已经成为我国政府应对国际竞争的战略性选择[3][4][5]。

第三节　大型公共活动与世界博览会

一、大型公共活动的发展——以世界博览会为例

世界博览会（Universal Expo，Expo 是 Exposition 的缩写；也称 World Fair 或 World's Fair）是世界性的非贸易性的大规模产品展示和技术交流活动，展出规模大，参展国家多，在创办之后的相当长一段时间里，光耀世界，万众瞩目。它把科学性和情感结合起来，鼓励人类发挥创造性和主动参与性，向世人展现了人类发展的新概念、新观念、新技术。因此，世博会被誉为世界经济、科技、文化的"奥林匹克"盛会。

首届世博会诞生于近代工业革命的发源地英国。1851 年 5 月 1 日至 10 月 11 日在伦敦的海德公园举办的万国工业博览会为第一场世界博览会，主要内容是世界文化与工业科技。在这次世博会上，建筑场馆"水晶宫"，被尊为功能主义建筑的典范，而展出的船舶蒸汽机，更是让全世界的参观者激动不已。1855 年在巴黎举办的世界博览会确定的主题是农业、工业和艺术，展示了当时工业和艺术方面的成就，比如铝制品、钢制品和橡胶等。这次博览会展区占地 9.6 万平方米，展览用的桌子总长约有 13 公里，在 23 个星期的展览期间，有 630 万人进行了参观。1867 年，美国费城世博会，贝尔初次展示了他的新发明电话；1876 年，法国赠给美国的自由女神像的头部，在巴黎世博会上展出。1889 年，巴黎世博会上，爱迪生将他最新发明的白炽灯安装在了刚刚落成的、当时全世界最高的建筑埃菲尔铁塔上，轰动一时。1915 年，旧金山世博会第一次放映了电影；1939 年纽约世博会第一次启用

了电视转播技术，此后，电视机一跃成为大众家庭娱乐新宠。

第二次世界大战之后，1958 年在布鲁塞尔举办了战后的第一次世界博览会，主题是“科学、文明和人性”，在这次博览会上，建造了一座原子能结构的球型展馆，代表着人类进入了科技进步的新世纪的象征。在此之后，每隔 5 年，就在一个国家举办世界博览会，其大致的情况如下表：

举办时间	地　点	主　题
1962 年	西雅图(美国)	太空时代的人类
1964 年	纽约(美国)	通过理解走向和平
1970 年	大阪(日本)	人类的进步与和谐
1985 年	筑波市(日本)	居住与环境：人类的家居科技
1986 年	温哥华(加拿大)	交通运输
1988 年	布里斯班(澳大利亚)	科技时代的休闲生活
1990 年	大阪(日本)	人类与自然
1992 年	塞维利亚(西班牙)	发现的时代
1993 年	大田(韩国)	新的起飞之路
1998 年	里斯本(葡萄牙)	海洋——未来的财富
1999 年	昆明(中国)	人与自然——迈向 21 世纪
2000 年	汉诺威(德国)	人类、自然、科技
2005 年	爱知(日本)	爱・地球博
2008 年	萨拉戈萨(西班牙)	水——生命之源
2010 年	上海(中国)	城市——让生活更美好

目前世博会按照性质、规模和展期，分为注册类世博会和认可类世博会。注册类世博会每 5 年举行一次，从 5 月 1 日到 10 月 31 日，展期 6 个月，即 184 天，中国 2010 年上海世博会就属于此类；认可类世博会在两届注册类世博会之间举行，展期为 3 个月，比如 1999 年在昆明举行的世界园艺博览会就属于认可性博览会[6]。

二、上海世博会是大型的博览活动

中国 2010 年上海世博会是世博会首次在发展中国家举行，注定将是一场世界盛会，参展国家和国际组织的规模和数量史无前例。根据世博会官方消息，有 240

个国家和国际组织参会，联合国名单上近99%的国家都已囊括其中。大洋洲16个国家全部参展，亚洲大多数国家实现参展，创造了世博会历史上两大洲参展的最高纪录。参展新秀也层出不穷，欧盟确认参展，而此前，欧盟从未在欧洲大陆以外的国家和地区参加世博会；非洲联合馆也接待了历史上最大规模参展的非洲地区国家，其中近1/5的国家从未或者多年未曾参展。

从世博历史发展来看，世博会的参观人数也是其他类型的博览会无法比拟的。比如1992年的塞维利亚世博会，有100多个国家参加，观众高达6000多万人次，参展2000年的汉诺威世博会的国家和组织共计172个。2005年的爱知博览会，中国馆就接待观众570万。

上海世博会以“城市——让生活更美好”为主题，即更美的城市更好的生活，中心就是两个字：和谐。本届世博会将城市作为展品，凸显了人类社会已经迈入了一个重要的时代，就是城市时代。在1800年，全球只有2%的城镇化率；1900年，上升到13%；2007年，67亿地球村民中已有一半以上居住在城市。城市，如何让人们的生活更美好？如何在展现希望的同时，让人们更有应对挑战的信心？这是本届世博会发出的思考。同时，通过上海世博会，不仅向世界展示了中华几千年灿烂璀璨的文化，而且还展现了改革开放二十年中国经济的腾飞，社会的发展，以及人民生活的富足。

这次世博会具有广泛的社会传播性，其广泛的国际参与度载入世博会史册，不仅参展国创下历史纪录，而且吸引海内外7308万人次参观。从媒体方面来说，参与本届世博会报道的中外媒体记者达1.4万人，创历届之最，其中，境外媒体人员超过3400人。有100名大学生成为正式的注册记者，这是世博会百年历史中第一次出现大学生记者的身影，中国大学生记者第一次以正式注册记者的身份，深度参与大型活动的宣传和推广。

上海世博会是大型的博览会，除了举办目的明确以外，在场馆面积、举办活动数量、参与服务的志愿者数量等方面也充分体现出其规模空前。上海世博园区总面积达5.28平方公里，其中浦东部分为3.93平方公里，浦西部分为1.35平方公里，占地面积冠盖历届世博会。上海世博会排定的国家馆馆日和国际组织荣誉日的规模均创世博历史新高，确认参展的国家中，有159个国家申报了237个国家馆日活动，参展的国际组织中，有30个国际组织申报了15个荣誉日活动。此外，本届世博会的文化演艺活动也创历史之最，节目总数超过800个，总场次22900多场，平均每天演出100场。世界3000多个民族的民俗、民风、民歌等非物质文化遗产得到了展示。世博会期间，有 7 万名园区志愿者、13 万名城市志愿服务站点志愿者和近 200 万名城市文明志愿者，活跃在世博园区内外以及城市的每个角落[7]。

三、世界博览会充分体现了公共服务的特点

中国 2010 年上海世博会资金投入的主体是中国政府和上海市，政府就此设立了专项资金。而世博会的整个管理运营是一项庞大的系统工程，从征地到场馆建设，到交通运输、安全保卫等等，这些只有政府才有实力承担。同时，世博会的经济和社会影响力也体现了公共服务的特点，一方面满足了中国人民和世界人民的精神需要，搭建起了向世界展示中国文化和经济发展的舞台，体现了改革开放 30 年以来中国强大的国力，同时，世博会在中国举行，还能刺激和带动国内的工业、服务业等诸多行业的进一步繁荣和发展。

上海世博会是半世纪以来规模最大的一届世博会，为了保证成功举办，中国政府成立了专门的组织委员会，由中央相关部门和上海市政府共 30 家成员单位组成，由一位国务院副总理担任主任委员。上海世博会建设投资主要来源于政府。从主办方来说，仅经上海市发改委立项批复的就达 110 多个，建设直接投入为 180 亿元人民币。其中，80 亿元来自国家发改委批准的世博债券，72 亿元来自上海市财政投入，另外 28 亿元主要依靠银行贷款。永久性建筑物世博轴、中国馆、世博中心、演艺中心和主题馆等“一轴四馆”投入了近 90 亿的资金。另外，运营投入高达 106 亿元。从参与方来看，在以国家身份参与的项目中，政府自然就担当起了出资方的角色。根据官方统计，本次世博会投资排名前 20 个国家中，中国、澳大利亚、日本以及沙特等国都是政府财政拨款，其中沙特投入了1.46亿美元，日本的投入达 1.4 亿美元，印度政府也出资 5000 万美元。另外，主办方政府还设立了 1 亿美元参展援助基金，为发展中国家提供参展便利。

上海世博会的公共服务特点还体现在上海市民积极的参与。为了保证世博会的成功举办，上海成立由 16 万名行业职工参加的窗口服务志愿者队伍，组建超过 10 万人的交通文明志愿者队伍，建立 25 万人组成的清洁城市志愿者队伍，组建由 80 万人组成的平安志愿者队伍等。复旦大学传媒与舆情调查中心发布的“上海市民对 2010 年上海世界博览会认知、态度及其评价”大型舆情调查中显示，有 72.6%的公众参观过世博园区，其中有 74.9%的公众不止一次前往参观，平均参观次数为 2.31 次。专家对于参观上海世博园的游客满意度调查显示，参观上海世

博园的游客满意度高达97%，其中，表示“非常满意”的占14%，表示“比较满意”的占52%，表示“基本满意”的占21%。

世博会历来都会直接或者间接地对主办国的经济发展起到一定的推动作用。以1933年芝加哥世博会为例。1933年的美国正处于经济危机的漩涡中，几乎到处都上演着因为失业而导致的惨剧。在匹兹堡，钢铁工人不得不打发自己的孩子到面包店去乞讨过期的面包，在纽约，十几岁的女孩子甚至甘愿每天只挣20美分以保住工作……芝加哥世博会正是在这样的情况下召开的。这届世博会吸引了近2300万人次参与，直接和间接提供了近10万个就业机会，极大地鼓舞了民众战胜危机的勇气与信心，有力地刺激了美国乃至世界经济的复苏，几乎所有参展国都成为了受益者，被称为是一届“在危机中看到希望”的世博会。2008年爆发了世界性的金融危机，危及到世界经济发展，各国纷纷采取措施阻止严重经济衰退的出现。在这种情况下，人们对于这一届的世博会充满期待。中国2010年上海世博会也对中国经济具有潜在的长期拉动作用。上海财经大学世博经济研究院院长陈信康认为，将是北京奥运会的3.49倍[8]。2005年上海发改委相关领导在上海市政协通报上海经济运行情况时透露的数据，上海世博会相关建设规模将在3000亿元左右，除了世博会的直接建设项目外，还包括动迁居民安置基地建设、轨道交通和浦东机场的扩建等。世博会所展现的创意产业也使中国的软实力有所提升，其中存在巨大的财富。世博会7000万游客的大流量也体现出上海容纳财富和信息流量的能力，这些都将带动全国城市社会和经济发展。按照陈信康的预计，上海世博会的“产出影响”为794.77亿元人民币、“增量消费”为468.64亿元人民币。

上海世博会是以城市作为申办主体。与之相比较，北京奥运会是以国家作为申办主体。北京奥运会投入总额已超过3000亿元人民币。若考虑香港、青岛、天津、上海、沈阳和秦皇岛六座奥运比赛城市，为奥运比赛进行的场馆建设和城市基础设施投资，北京奥运会的全部投入将远远超过3000亿人民币。北京奥运场馆约130亿元人民币的投资，中央和地方财政投入约占一半，另一半资金来自社会的融资，包括港澳台同胞、海外侨胞的捐赠。这些投资包括新建场馆12个、改扩建场馆11个、建设临时性场馆8个，改造独立训练馆45个，这些场馆是直接为举办奥运会新建或改扩建的。

近七年北京城市基础设施建设共完成投资约2800亿元人民币，其中，城市交通累计投资1782亿元；能源基础设施累计投资685亿元；水资源建设累计投资161亿元；城市环境建设累计投资172亿元。其中包括首都机场的扩建工程、京津城际铁路工程、高速公路网的建设投资549亿人民币，城市轨道交通146公里线路的建设，9座污水处理厂的建设，北京污水处理率已达到92%；建设垃圾填埋厂和焚烧厂，城市垃圾无害化处理率达99.9%，郊区垃圾无害化处理率78.6%。

综上所述，中国2010年上海世博会不仅充分体现了公共服务的特点，同时也向全世界展示了改革开放以后，中国公共服务设施建设领域所取得的骄人业绩，以及中国公共管理和服务理念和实践方面获得的巨大的发展和进步。

参考文献

[1] 北京奥运会官方网站. http://www.beijing2008.cn/.
[2] 谢景芬. 大型活动策划与实施. http://www.people.com.cn/GB/channel3/22/20000705/131067.html.
[3] 公共服务. http://baike.baidu.com/view/1013267.htm.
[4] 公共服务. http://www.hudong.com/wiki/%E5%85%AC%E5%85%B1%E6%9C%8D%E5%8A%A1.
[5] 郑建瑜. 大型活动策划与管理. 重庆大学出版社，2007年.
[6] 世界博览会. http://baike.baidu.com/view/140394.htm.
[7] 中国2010上海世博会官方网站. http://www.expo2010.cn/.
[8] 周裕妩(记者). 专家称上海世博会经济效益是北京奥运会的3.49倍. 广州日报，2010-05-03.

第二章

大型公共活动中的心理学应用

第一节　心理学在大型公共活动筹备阶段的应用

一、心理学在场馆设计中的应用

一般都认为，人要去适应周围的环境。道理是没有错，但这样的观点多少有些生硬，并且忽视了人需要作出很大努力，才能较好地适应环境这一事实。为什么不能考虑环境设计中体现人性化的特点，在设计中要求有更多的人文关怀，让人在环境适应中，努力更小些，更舒适些呢？欧美等发达国家，率先将这一理念应用到实际，诞生了环境心理学。1968 年在美国成立了“环境设计研究学会”（EDRA, Environmental Design Research Association），1969 年召开了第一次大会，同时创立了《环境与行为》杂志，这是世界上第一份以环境和行为为主题的专业杂志。1969 年在英国也召开了首次建筑心理学讨论会，并在以后逐渐发展成为国际性的学术会议，1981 年会议更名为“国际人与物理环境研究协会”（IAPS, International Association for the study of People and their Physical Surroundings），并创立了《环境心理杂志》。美国的“环境设计研究学会”（EDRA）和英国的“国际人与物理环境协会”的建立，被认为是学科由分散研究走向共识的标志，就此确立了“环境心理学”的学科[1]。

人在环境中生活，同时人也是环境的一部分，没有脱离环境而独立存在的人。但是，人也不是刺激物的被动接受者，同样也能在精神上独立自存，而且与其周围的环境有着密切的联系，相互影响，塑造环境和被环境塑造。从环境心理学的角度看，我们在场馆设计时，需要综合考虑心理学因素，透过视觉、嗅觉、听觉和触觉器官去研究视觉环境、嗅觉环境、听觉环境和触觉环境。人类具有良好的色彩敏感性和形体辨异性，在接受信息方面发挥了巨大作用。比如，彩色影片远比黑白影片好看易懂，形体突出的图示远比文字说明简捷醒目寓意深刻，一曲悦耳的轻音乐使人心旷神怡，喧闹轰鸣的噪声使人心烦意乱无法工作。新鲜清洁的空气使人精神振奋，臭气入鼻使人作呕窒息。温湿合适的环境，机体活动自由，过冷过热会手足无措无所适从。环境心理问题极端重要、复杂和广泛，通过对环境的研究，寻求建筑环境和人所需要的最佳的刺激，再根据心理需求，去调整改善周围建筑。

从以人为本的角度出发，始终维护参观人群的安全性，提高观众的舒适度，提升观众的愉悦感，这是任何大型公共活动主办方所希望的，但想要达到这样的要求，却非易事，需要参与各方认真的组织与维护。当然有了心理学的支持，有了相关对人群研究后的规律作为指导，达到以上目标就会变得容易些。

（一）从提高参观安全度看，场馆设计需要心理学支持

2010 年 7 月 24 日，德国西部城市杜伊斯堡“爱的大游行”电子音乐狂欢节遭遇严重踩踏事件，导致有 18 人死亡，另有约 100 人受伤。惨剧发生于当地时间下午 5 时，人群在音乐节活动现场附近的地下通道里发生拥堵，造成恐慌性踩踏事件。发生这样的惨剧后，我们不禁想，究竟问题出在哪里？据德国之声等媒体报道，现场最多只能允许 80 万人进入，现场人数之多“远远超出了预料”。活动组织者称，大约 140 万人参加当天的活动。有目击者称现场极度混乱，甚至“呼吸困难”。德国《图片报》引述目击者的话称，发生踩踏的地下通道里“根本没有逃生的出路”，“那一刻真是死里逃生”①。

任何大型的公共活动，一定会有众多的观众参与。离开了大量的人群，所谓大型也就失去了一个重要标准。但参与人数众多，诸如由于拥挤而带来的挑战，组织方需要认真考虑。对于拥挤问题，心理学很早就有关注。据研究，过分拥挤必然产生紧张，荷尔蒙失调，带来消极后果。

在某些场合下，由于拥挤，人们会感到受到束缚，没有足够的空间会引发人们产生不愉快的情绪。在狭小的空间内活动着过多过密的人群，会使人产生焦虑急躁，急于越过人群而做出想摆脱人群的行动，这就会进一步增加拥挤感。在观察处于混乱拥挤状态的行人后，一般会有三个特点，即想取一条捷径、避免碰撞和保持预定的速度[1]。例如在节日时的上海南京路和北京王府井大街行走，行人往往要侧扭着身子，由于受到焦急和急躁情绪的影响，有的人甚至想加快行走速度，则进

① 材料来源：中国新闻网，2010.7.25 日报导，随着事态发展，实际伤亡数字可能会和当时报道略有出入。

一步导致拥挤和混乱，这是一种在动态情况下的拥挤反应。与此不同的是，另一种拥挤情况是相对静态型，如演唱会，足球比赛、地铁内等，也会产生相互挤碰和混乱的情形，也必然会有引发不快的可能。当然，并非拥挤就一定会让人产生不悦，由于人们的欲望、预想、希望等的不同，对混乱拥挤产生的不快也有所不同，比如情侣之间，由于感情非常亲密，两人之间的空间距离会很小，即使是有挤碰，也不会发生不快。反之如果在场地设计时，把空间距离拉的很大，反而会让情侣感到不够人性化。所以可以看出，现实生活中的情况非常复杂，人的内心感受也足够多变，不从心理学角度掌握其规律性，设计场馆时会走很多弯路。

因此，在场馆设计中，在保证观众群体参与需求可以得到满足的基础上，需要运用心理学理论，保证个体的空间距离，减少拥挤感，增加满意度，提升参观的安全感。

（二）从提高参观人群的舒适度看，主办思路需要融入心理学因素

随着现代物质文化生活的不断发展，人们已不满足于物理与生理生活要求，开始对精神生活提出了新要求。而大型公共活动正是把这一点作为活动的重要目标来努力。活动中如何给观众以更多美的感受，如何让观众在参与的同时，尽可能享受方便舒适的环境，心情舒畅、精神饱满，从而获得心理上的极大满足，这是主办方需认真考虑的问题。因此，在设计活动时，需要全面考虑人的心理因素，了解观众的真实需求，最大限度地提高参观者的舒适度，这些方面，心理学皆有用武之地。

（三）从提升参观人群的愉悦感看，了解群体习惯与科学布展需要心理学支持

生活在特定社会环境中的人，不可能孤立于社会人群之外而生活，人也离不开环境的刺激而存在。人的心理是特定的社会环境和社会生活条件的反映，不同的国度、不同的民族或不同的地区的人们是不完全一样的，中国人与外国人不一样，各个省的人也不尽相同，他们的实践活动受特定的社会生活条件和社会环境的制约。对不同的活动群体进行心理与行为研究，对活动场所与群体行为关系进行分析，将有关的研究成果推广应用至活动组织中，是办好活动的关键。

按心理学中行为主义的观点看，环境提供了什么样的刺激，常常就会发生什么样的行为。一个空间被看作一个场所，其中必有某些物质特征适合于某些行为，使人产生对于不同场所的不同感受，而这种场所感便构成对人类行为的刺激。自然界中有许多这类场所，例如深山老林往往会有盗贼出没；广袤的草原，小动物很多，对猎人来说就是狩猎的佳地；而在高山之巅则为哨兵提供了开阔的瞭望眼界。因此，最大限度地了解活动场地中一草一木对人的心理意义，满足人的心理需要、着力提高人的参观愉快感，是提高活动组织有效性的法宝。

二、从管理心理学中的胜任力理论看员工选择与使用

每一次成功的大型活动，离不开组织方的悉心运营，离不开员工们夜以继日的工作。活动的持续时间不同，可能会变成一场持久战、突击战、抑或是一场攻坚克难的战役。无论是哪种，都需要管理者和员工们倾力付出。这就给我们提出了一个问题：管理者和员工们的能力能够应付这样的任务要求吗？如果能够应付，他们愿意付出这么多吗？在大型活动的筹备和举办过程中，有关人员选择与使用的问题，需要我们认真思考。而管理心理学，尤其是其中的胜任力理论，给了我们重要启示，根据这一理论，我们可以找到最能适应工作要求的人。

管理心理学，是研究人的行为心理活动规律的科学。它是用管理学、心理学、生理学、伦理学、人类学行学科的原理，以研究组织活动当中的社会、心理现象，以及个体、群体、领导、组织中的具体的心理活动的规律性[2]。

(一) 胜任力的概念及由来[3]

胜任力(Competency)是一个复杂而颇有争议的概念，它在组织管理文献中有很多不同的含义，这个词来自拉丁语 Competere，意思是适当的。作为一个概念，有关胜任力的讨论已经持续了一个世纪，但是直到 1973 年，哈佛大学的戴维·麦克莱兰(David McClelland)教授在《测量胜任力而非智力》一文中提出用胜任力取代传统智力测量以后，胜任力的理论才从此诞生。麦克莱兰教授指出，“所谓胜任力，指的就是能区分在特定工作岗位和组织环境中绩效水平的个人特征。这些特征可以是个体的动机、特质、自我形象、态度或价值观、某领域知识、认知或行为技能等，它们既是判断一个人能否胜任某项工作的起点，也是决定并区别绩效差异的个人特征总和。”

(二) 胜任力模型[4]

“胜任力”概念提出以后，受到实业界和学术界的极大关注，胜任力研究成为全球范围内的焦点，胜任力模型也俨然成为人力资源管理建设的一项基础性工作。胜任力模型(Competency Model)是胜任力概念在管理中的实际应用，是通过科学的方法和程序，对个体进行综合分析与评价的手段。由于胜任力定义中包含外显的行为和内隐的动机，总得来看，胜任力模型是指担任某一特定的任务角色所需具备胜任力项目的集合。即 CM＝{Cl，Ci＝1，2，3，…，n}

CM 表示胜任力模型，Cl 表示胜任力项目，Ci，即第 i 个胜任力项目，n 表示

胜任力项目的数目。

胜任特征模型(Competency Model)，就是对人员的关键能力和胜任特征进行不同层次的定义以及相应层次的行为描述，正确确定出色完成职位工作所需关键能力素质标准的管理模型。Spencer 等人经过近二十年对胜任力的研究和应用，提出了冰山模型(The Iceberg Model)、洋葱模型(The Onion Model)和胜任力辞典，分别如图 2-1、图 2-2 和表 2-1 所示；并将胜任力区分成特质、动机、自我概念、知识与技能等五种基本特质。其中，动机是指一个人对某种事物持续渴望并进而付诸行动的念头；特质是指身体的特性以及拥有对情境或信息的持续反应；自我概念是指一个人的态度、价值及自我印象；知识是指一个人在特定领域的专业知识；技能是指执行有形或无形任务的能力。1998 年，麦克莱兰运用行为事件访谈法帮助两家跨国公司建立了高层管理人员的胜任力模型。结果表明：使用胜任力模型作为高层管理人员选拔的标准，使公司高层管理人员的离职率从原来的 49%下降到 6.3%，追踪研究还发现，在所有新聘任的高层管理人员中，达到胜任力标准的有 47%在一年后表现比较出色，而没有达到胜任力标准的只有 22%的人表现比较出色。

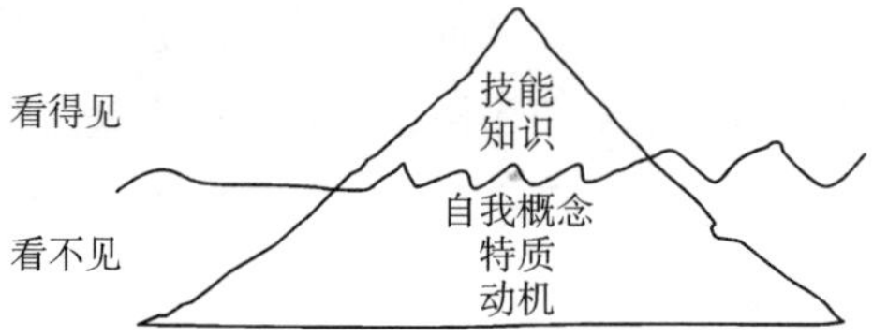

图 2-1 胜任力冰山模型

资料来源：Lyle M. Spencer，Sige M. Spencer. 魏梅金译. 才能评鉴法：建立卓越的绩效模式[M]. 汕头：汕头大学出版社，2003. 第 17 页.

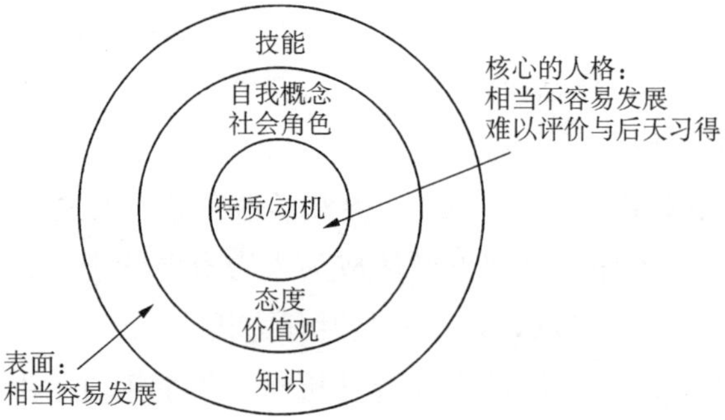

图 2-2 胜任力洋葱模型

资料来源：Lyle M. Spencer，Sige M. Spencer. 魏梅金译. 才能评鉴法：建立卓越的绩效模式〔M〕. 汕头：汕头大学出版社，2003. 第 17 页.

表 2-1 胜任力辞典

成就与行动	成就导向，重视秩序、品质与精确，主动性，信息收集
协助与服务	人际理解，顾客服务导向
冲击与影响	冲击与影响，组织知觉力，关系建立
管理	培养他人，命令；职位权力的运用，团队合作，团队领导
认知	分析式思考，概念式思考，技术/专业/管理的专业知识
个人效能	自我控制，自信心，灵活性，组织承诺
其他个人特色与能力	职业偏好，准确的自我评估，喜欢与人相处，写作技术，远见，与上级沟通的能力，扎实的学习与沟通方式，恐惧被拒绝的程度较低，工作上的完整性；法律意识，安全意识，与独立伙伴/配偶/朋友，幽默感，尊重个人资料的机密性等。

资料来源：厦门大学博士学位论文，陈万思，中国企业人力资源管理人员胜任力模型研究，第 15 页。

（三）运用胜任力理论来指导人员的选拔和使用[5]

胜任力可以分成知识与技能、能力、态度与意识三个层次，也可以按功能分为通用胜任力、特有胜任力和职能特有胜任力三大类型。通常用冰山模型描述胜任力的构成。知识与技能属于表层的胜任力特征，表露于水面之上，很容易发现；社会角色、自我概念、人格特质和动机等，属于能力、态度与意识类深层的胜任力特征，隐藏在水下，很难发掘与描述。那些深藏的、内隐的特征往往是决定人们的工作行为及绩效结果的关键因素。其中，“水上部分”是人力资源管理中人们比较重视的方面，它们相对来说比较容易改变和发展，识别起来也比较容易见成效。而“水下部分”是比较难以评估和改进的。但在人才选拔中，这部分内容却最具有选拔的预测价值，同时它也是“冰山模型”的核心内容。

胜任力被称为“组织发展的优秀基因”——达到某一工作角色胜任力要求的人员在工作中更可能取得优秀的工作表现与绩效；反之，没有具备相应胜任力要求的员工绩效表现优异的可能性则较低。从这个角度看，根据胜任力标准进行人才的选拔和培养，可以保证组织人力资源发展的连续性和组织竞争优势的持续性。而胜任力系统的建立可以使组织拥有普遍认同的描述绩效的标准和期望的语言，加强个人行为和组织目标之间的联系，最终将促使团队和组织潜在能力的提升。因此，对胜任力的合理利用和有效开发被视为企业的战略性武器。

对于大型活动，在招聘和选拔上所做的每一次努力都能在以后为这项投资产生超额的回报。组织方不可能雇用每个申请者，让他们从事该工作，通过试用后只保留足够出色的成员来满足组织需求。因为其费用高昂、资源有限、存在着损失或事故风险，而且申请者在试用期内也不愿意放弃其他机会，所以，这就给我们的组织方提出了更高的挑战，要我们必须选取适当的策略和适合的技术与工具来解决这一问题，因为，组织方要预测的不仅是对现在招聘岗位的适用性，还必须对他在更高职位的业绩、留下来的可能性等一系列问题做出预测。在选拔过程中信息将如何被运用？如何衡量选拔结果？“人之难知，江海不足以喻其深，山谷不足以配其险，浮云不足以比其变”，所以我们在面对任何一个人的时候，所能看到的只是浮在水面的冰山一角。而我们招聘的任务则恰恰是运用这“冰山一角”的信息来预测申请者的未来行为，并以此来衡量申请者的“冰山”能量。“倒冰山”成为一种被普遍应用的工具和策略，其包括：

(1) 发现冰山，即研究什么样的行为或能力可以导致优良的业绩，发现员工胜任力要素工作原理和运行规律，以期达到“知冰山”。

(2) 破解冰山，即选用什么样的技术与工具，才能科学、全面和深入地测评每个申请者的能力素质状况，破解其能力“冰山”，衡量每个申请者所具备的优势能力与岗位要求的匹配程度，确定最佳入围人选，以期达到人尽其才，物尽其用。

(3) 倒置冰山，即如何变优势能力的个人“所有”为组织方“所用”，即所有权和使用权的高度合一；这主要把能力冰山倒置，看个人优势能量和能力可以输出多少在招聘岗位上，以激励其最佳的绩效贡献和在公司的持续发展，以期达到人尽其才，物尽其用。

在“倒冰山”策略的指导下，我们可以针对性地选取或开发适当的工具，以增强组织方人才选拔的有效性，即有效地预测每个求职者在未来的业绩表现和贡献。心理评价方法已成为国内选拔、培训各类人员的普遍应用的方法之一。员工的人格特征与其行为方式之间是互为因果的，采用评价中心技术(Assessment Center)的测评效度研究表明，其肯定性与否定性评价的预测效度分别达到了62.4%和83.4%，人格测验的常模是动态的。人格特质在总体上保持其基本稳定，部分特质则受工作经历的影响较大，而变化了的特质因素则正是工作生活情境所需要的人格心理品质。在实际应用的干部考录面试测评模本中，单纯为人格测评项目的使用率占58.4%。用“综合能力”或“胜任力”指标来代替传统的智力测验，从而对工作绩效做出预测。胜任力是人们适应工作或管理环境，产生具体绩效和成就感的个体特征(知识技能和态度等)，能有效地预测现实工作绩效。

胜任特征是一种从组织战略发展的需要出发，以强化竞争力，提高实际业绩为目标的一种独特的人力资源管理的思维方式，工作方法，操作流程。胜任特征研究，从其发端伊始，就成为国内外管理学界最引人注目的理论，受到空前的关注，被广泛应用在人力资源管理的各个领域。尤其是基于胜任力特征理论所建立的与某种行业或职位相匹配的胜任特征模型，广泛应用在人员的选拔、测试、考核、培训当中，从而深刻改变了传统测验在职业选拔中的应用方式，影响了整个人力资管理模式的变革和创新。但胜任力模型建立后，并不是一成不变的，如果组织的生存发展环境、发展战略发生变化，胜任力特征也会有所改变，因此，需要定期根据实际情况的变化修正胜任力模型和与此相关的环节，这样才能保证其正常效用的充分发挥。找准了各职位要求的胜任力，组织方的招聘工作也就成功了一半，拥有了具有胜任力的人才梯队，组织的成功便成为必然。

第二节　心理学在大型公共活动运行期间的应用

一、日常运营中的心理学服务—EAP

EAP是英文 Employee Assistance Programs 的缩写，即员工援助计划。是指由组织（如政府部门、企业、军队等）为其成员准备的一项长期、系统的援助和福利计划[6]。20世纪40年代，美国的部分企业高层发现自己公司的有些员工会在工作时间酗酒或者吸毒，即使不在工作时间，他们的这些行为也对公司的整体效率产生了重要的影响。因此为了解决这一问题，企业高层请来心理专家对这些员工的问题进行解决。一般高层在企业实行EAP时，多会有一个专业人员对组织进行诊断，然后提出相应的建议，最主要的是专业人员会对组织中的成员提供专业的咨询、指导与培训，帮助员工解决自身的心理及行为问题。通过这些来保证组织成员的心理健康，进而对整个组织的工作效率有一个良好的保证，渐渐地改善组织的管理和形象，从而建立完善和谐的人文组织环境。到了60年代，家庭暴力、失业、社会动荡不安等各种问题也影响到员工的表现和工作情绪，EAP项目的应用范围也愈加广泛。现在国际EAP协会的前身就是1971年在美国洛杉矶成立的一个EAP组织。到了80年代，EAP组织成立了认证咨询师协会，因此EAP咨询师这一职业诞生了。从那之后，大多数欧美发达国家开始大量采用行为疗法来对员工的不良行为进行改善。跨国公司扩张、学术交流、军队外驻以及商学院留学生的培养这些环节的发展都引入了EAP，美国的EAP被流传至世界各个领域，尤其是20世纪80年代以来，随着企业规模的扩大，组织中的管理思想也有了很大的变化，社会的进步促使EAP的应用越来越广泛，尤其是在英国、加拿大等发达国家，EAP更是有了非常明显的发展。在一些国家的政府部门里，对EAP更是持有非常积极的态度，例如专门设定法律条文加强了对EAP的监管，这就使社会对EAP的关注、尊重和传播建立了一个更加良好的环境。现在EAP的目的也从最初简单的“降低成本、提高效率”转移到“同时考虑企业和员工的利益”，也就是说EAP的使用证明了企业的进步，因为它已经把员工考虑到企业的利润中。随着EAP的发展，它的内容和人力资源管理趋于相近，并在此基础上更进了一步。可以预测，EAP将成为未来的管理思想、组织发展以及干预的重要一部分。

有机构对中国的经营者做了一个调查，主要针对其身心健康状况进行调研，报告结果引起了大家广泛的注意，因为报告结论显示，绝大多数的经营者对自己的身心健康状况都非常担忧，很大部分经营者处于亚健康状态。同时，我国的不少组织向来以结果为导向，常通过结果来评价员工工作的努力程度，甚至推崇“带病上班”、“轻伤不下火线”的精神，这忽视了员工内心的需求，缺乏了对员工在心理层面的关注，富士康员工的11连跳就是长期忽视员工内心建设的恶果。事实上，员工心理发生问题以后，工作必然会受到影响，组织的效益和发展自然也就相应的受到冲击。

目前在国内，EAP主要应用于微软、可口可乐、西门子、中国移动等规模较大、实力较雄厚、员工较多的跨国企业或是国有企业当中，在大型活动中引入EAP模式更是非常罕见。随着EAP在国内的生根发芽，随着社会福利制度越来越完善、人们对心理健康的认识逐渐增长，相信一定时间后，EAP会在中国取得显著的成效。

二、心理学在危机管理与社会事件中的应用

（一）危机的含义和特征

危机是相对于人类生活正常的社会生活的一个概念，它可以在一个组织、一个地域发生并造成有限影响，也可以在一国或全球范围内发生，并造成全球性影响。确切地说，危机是一系列中止常规进程或破坏社会正常关系，影响组织日常运营的事件，危机往往发展迅速，并不断增加着危险，迫使相关的组织必须在有

限的时间内做出反应和抉择，采取更多的控制或调节行动，以维持组织有效生存。

20 世纪中后期，人们开始系统地专注于危机管理研究，危机管理被广泛运用于企业、政府、媒体等方方面面。了解危机的特征，是组织有效识别危机的前提。否则，对于危机的识别就可能会出现盲点。一般而言，危机主要有如下特征[7]：

1. 危容性与机遇性

古人云："祸兮，福所倚；福兮，祸所伏。"危机常常呈现出双面性的特征。一方面，危机常常是在一瞬间发生，给当事人带来很大程度的混乱和惊恐，从而造成决策失误以至巨大的损失。但另一方面，危机同时也预示着机遇。危机爆发使组织认识到自己的不足，及时有效克服自己的弱点，避免更大危机的爆发，而且，危机爆发后如果组织的危机处理巧妙得当，还可以使组织化险为夷，形成新的发展机会。

2. 突发性和紧迫性

"冰冻三尺，非一日之寒"，组织自身因素所导致的危机爆发前大都有一定的征兆，是由一系列细小的事件逐渐演进、发展起来的。然而出于人们的疏忽，对这些细小的事件知之甚少，或者对这些细小的事件习以为常、视而不见。因此，危机的爆发经常出乎人们的意料，危机爆发的时间、地点以及影响的程度常常是人们始料未及的。由于组织外部因素所造成的危机，如自然灾害、国家政策的突然变化造成的损失、外部偶然事件给组织造成负面影响等更是由人们难以控制的客观因素引发的，带有偶然性和随机性，因此危机具有突发性。另外，危机发生之后，破坏之巨大发展之迅速，往往留给组织的时间不多，需要组织在短期内及时做出补救措施，因此，危机存在紧迫性。

3. 社会性和广泛性

大众传播业的发展，信息传播渠道的多样化、时效的高速化、范围的全球化，使得组织危机情境会迅速成为公众关注的焦点，成为各种媒体，包括微博等网络新兴传播媒介追逐的"素材"，部分有关危机的信息传播比危机事件本身发展还要快。因为社会公众有关危机信息的主要来源是各种形式的媒体，而媒体对危机报道内容的选择和对危机报道的态度影响着公众对危机的看法和态度。因此，在危机信息的传播中，媒体影响力不可低估。对于危机的利益相关者而言，由于危机涉及他们的切身利益，因此他们对危机事态的发展以及组织对危机采取的措施十分关注。有些组织在危机爆发后由于不善于与媒体沟通,导致危机不断升级,社会反响对组织极其不利。

(二) 社会安全事件

通常,人们在遇到危险或感到有威胁时,就会想到"安全",所以安全概念的最基本特征应当是与"危险"、"危机"相关联。所谓安全,大致表达了客观上不存在威胁,主观上不存在恐惧的意思。以此为基础,可以将社会安全的含义界定为整体性社会价值在客观上不受威胁且在社会群体成员的主观上不存在受威胁的恐惧。我们可以从反面来说明社会安全的具体内容,即社会的不安全可以归纳出四种特征:(1)物质不安全,指对人、财产和环境的威胁;(2)对国家的经济和政治自主性的威胁;(3)不稳定,特别是社会的不稳定;(4)脆弱性,容易受伤害的程度,往往与贫困、周围环境等联系在一起。

根据《国家突发公共事件总体应急预案》①中的规定,社会安全突发事件主要包括:恐怖袭击案件,经济安全事件和涉外突发事件等。此外,在通常情况下,我们将突发群体性事件也纳入社会安全突发事件的范围。此外,对于威胁到国家安全的战争状态事件,为统一起见,也将其列入社会安全突发事件应急制度的介绍之内。由此,社会安全突发事件具备下列几个特征[7]:

1. 事件本质的社会性

突发社会安全事件是特定社会矛盾发展到一定阶段的产物,事件发生后又对社会产生特殊影响。它的这种社会属性,显示出其自身具有的本质特征。首先,它总是一定社会矛盾的产物;其次,突发社会安全事件发生于特定的社会环境内;再次,突发社会安全事件是多种社会矛盾交织冲突的产物,这种多因性体现了事件形成的复杂性。

2. 事件形成的突发性

社会安全突发事件与其他突发事件一样,突发性是其具有的明显特征。就突发公共安全事件来说,首先,人为事件的组织发动者,在事件发生前总是避人耳目、秘密行动,并试图选择影响最大的时机与场合,并采取突袭的方式,以求造成声势达到目的;其次,某些特定的事件,在通常情况下,不是有组织、有领导的群体行为,而是一种自发的、一哄而上的群体行为。虽然事件的发生有一个量变到质变的过程,但这一过程往往是隐性加剧,当矛盾激化时即形成连锁式反应突

---

①中华人民共和国国务院,国家突发公共事件总体应急预案,2006年1月8日公布。

然爆发；再次，某些其他类突发事件引发的社会安全事件就更具突发性，比如当重大灾害、频发性严重生产事故、公共卫生事件等，当其本身应急系统失灵时，人们往往发生心理慌乱和行为失控，意想不到的社会安全事件也就容易发生。

3. 运动方式的互动性

社会安全事件与其他类型突发事件不同的是，它往往更具有动态性，运动方式更为剧烈。社会安全事件的发生，是各种社会消极因素以社会互动的方式作用于群体的结果。所谓互动，是指人们相互间在社会交往中发生的社会心理现象。互动表现为人与人之间的意思交换，由此产生相互作用，并逐步散播和扩散。人的某种社会意识或社会行为的形成，是人们在社会交往过程中以感染、暗示和模仿等方式相互作用的结果。消极互动往往是社会安全事件的催化剂。

4. 危害后果的严重性

突发公共事件的发生都会产生较为严重的后果，对社会秩序产生破坏，损及公共价值。但是，社会安全事件的危害后果具有较大的社会影响性，即在可能造成公众生命、财产损害的同时，还会危及社会制度甚至国家政权，或至少对其产生深远的消极影响。并且社会安全事件一旦发生，极易对公众的心理产生影响，导致事态不断扩大或冲突加剧。

（三）危机与社会安全事件的解决——谈判心理学的支持

谈判是一种非常普遍的社会交往形式，同时它也是协调冲突各方利益的一种重要途径。随着我们国家进入快速发展的时期，这个时期也是各方矛盾的凸显期，谈判心理学的重要性不言而喻。

开始于 20 世纪 70 年代后期的认知革命，对谈判的心理学研究产生了重大的影响。20 世纪 80 年代和 90 年代，谈判研究开始向行为决定研究（Behavioral Decision Research，简称 BDR）发展[8]。在这一时期，描述性的研究和规定性的研究之间有了更多的相互影响，并对谈判的行为决定研究产生了很大的促进作用。BDR 领域的研究描述了决策者偏离最优化和理性的可能方式。这些研究假设个体试图做出理性行为，但由于受到能力的限制，往往会偏离理性而行事。这一领域允许研究者们对人们将如何决策做出预测，尽管这些决策往往是易变的（不稳定的）、低效的，甚至是以不相关的信息为基础的。BDR 的核心观点之一就是人们的决策依赖于认知启发。尽管认知启发是帮助谈判者有效决策的一条相当有用的途径，但它有时也会导致了谈判者的错误决策。而正是这些在谈判中出现的系统的决策错误，引起了研究者们很大的兴趣。对双方谈判（two-party negotiation)的研究表明,谈判者在谈判中会有以下几种倾向:(1)对肯定表达的规范比否定表达的规范更加愿意让步;(2)不恰当地受到谈判主持人的影响;(3)不恰当地受到轻易就得到的信息的影响;(4)过于自信,而且对达成有利于他们自己的结果的可能性过于乐观;(5)错误地认为谈判收益是固定不变的(即固定馅饼偏向),错过了在谈判双方之间进行共同利益协调的机会;(6)错误地假设他们与对方对谈判问题的偏好不一致;(7)当理性分析要求谈判者作策略上的调整时,往往会扩大与对方谈判者之间的冲突;(8)忽视其他各方的意见;(9)反应性地贬低对方所作的让步的价值。

BDR的观点重新建构了20世纪80年代和90年代早期对谈判的心理学研究。这种研究与以前的谈判的社会心理学研究不同,它强调了实际决策如何有别于规范模型所作的理性预测。谈判的行为决定研究的目的,就是提供能够让谈判者减少偏见的有用信息。行为决定观对谈判的理论研究和实践产生了重大的影响。然而,许多研究者批评这一研究范式忽视了谈判中许多非常重要的因素。在最近的几项研究中,研究者们增加了一些与BDR观相一致的社会心理变量,从而使在谈判研究中已逐渐消失的社会因素再次成为明确的研究主题[8]。

1. 谈判中的关系

谈判研究在其发展中一直都很强调社会关系的重要影响,这一主题在20世纪80年代再次成为谈判研究中最引人注目的领域之一。对谈判产生影响的社会关系可以被归纳三个水平:个体、二人群体和网络。第一个水平包括社会背景如何影响个体谈判者的判断和偏好的研究。比如谈判者所报告的金钱支付偏好,会极大地受到他们所假设的与对手的关系的影响。第二个水平涉及二人群体内部的社会关系如何影响谈判的过程和结果。有些从个体角度看来某些是很不理性的行为,但从二人群体的角度来看可能是理性的。例如,如果给谈判者自由交流的机会,谈判者似乎是非理性的个体决策,却往往能得到比游戏理论模型更好的对双方都有利的结果。第三个水平涉及更为广泛的行为者网络上的关系的影响。比如谈判者通常选择与他们熟悉的人搭档却不去寻找新的谈判伙伴,是以找到配合得更好的搭档为代价的。

2. 谈判中的自我中心

谈判者对“什么是公平”的判断并不是完全客观的。谈判各方都倾向于过分重视对他们自己有利的观点,从而导致了谈判者在谈判中所产生的动机偏向。这种动机偏向就被称为自我中心。谈判者往往都是自我中心的,而且谈判各方越是自我中心，越难达成一致意见。这种模式在不同谈判情境的研究中都一再得到证实。而且有研究发现，提供更多的中性信息能增加自我中心的倾向。那些接受这种额外的中性信息的谈判者，倾向于对公平结果做出更为极端的估计。另外，谈判者们也表现出“自利倾向”，即能更多地回忆起那些对他们自己有利的事实。

3. 谈判中的积极错觉

大多数人都会用一种过于积极的眼光来看待自己、世界和将来。人们倾向于知觉他们自己在许多方面都比别人强，并往往会产生不现实的积极自我评价。在谈判领域，在由商业管理者所参加的一个学习班中，68%的人预测他们的谈判能力会比班上绝大多数学员的谈判能力强。谈判者的乐观，也可以部分地被归因为对其控制不可控制事件的能力的过高估计。谈判者在“囚犯困境”中的表现表明，他们往往会认为自己的决定会影响对方同时做出的决定，虽然这种情况在逻辑上是显然不可能的。这一研究提出，谈判各方在“囚犯困境”中进行合作的一个原因，就是他们认为自己的合作态度或行为会引起对方的和合作态度或行为这种错觉。另外一些研究指出了积极错觉的社会成本。不成功的谈判者倾向贬低比他们更成功的谈判对手，并把这些对手的成功归因为不合作和不道德的谈判策略。积极错觉，尤其是还伴随着自我中心和中伤对手的时候，就可能导致阻止整体收益的获得和延迟谈判协议达成的行为，从而增加谈判的冲突成本。

4. 情绪和谈判

尽管在20世纪80年代和90年代，在谈判研究中居于主导地位的认知研究范式，忽视了大多数与情绪有关的因素，但也有一些研究者探讨了情绪在谈判中的作用。这些研究发现，积极的情绪往往会提高谈判者选择合作策略的倾向，并能提高他们得到理想收益的能力。愤怒的情绪则使谈判者不能准确判断对手的利益，因此通常只能实现较低的谈判收益。而且，愤怒会使谈判者更加以自我为中心，并会增加他们拒绝对方所作的有益的让步的可能性。

在这些研究中，十分温和的实验操作产生了中等强度的情绪效果。然而，在实验室里进行的道德上允许的情绪操作可能不如实际情境中的情绪那样强烈。也是这些更为强烈的情绪造成了人们强烈的内部冲突，从而使我们认识到情绪在谈判研究中的重要地位。而且，这些强烈的情绪更有可能在人们认为他们所应该做的(认知的)和他们所想做的(情感的)之间划清界限。另外，有一些研究者发现了情绪的功能性作用，还有一些研究者对情绪在谈判中潜在的重要的战略性作用进行了研究。

（四）从社会心理学看群体事件中的群体心理特征

在我国近几年的大型公共活动中，极少会发生群体事件。但由于当前的中国，正处于深化各项改革的关键期，引发群体性事件的主客观因素增多，群体性事件频频发生，规模不断扩大，表现形式趋于激烈，造成的后果日益严重。群体性事件已成为影响大型公共活动的重要不确定因素。因此，正确把握群体性事件参与者的心理特征，有针对性地进行心理疏导，成为正确处理群体性事件的关键，这对于维护活动顺利进行具有重要意义。

在群体行为的发生过程中，会形成区别于个体的“群体心理”。个体一旦参加到群体之中，由于匿名、模仿、感染、暗示、顺从等心理因素的作用，个体就会丧失理性和责任感，表现出冲动、具有攻击性的过激行动。具体来说，有以下几个方面的特征[9]：

1. 发泄心理。转型期的中国，因为当代社会的剧烈变化、利益的重新分配以及各个社会阶层的不同际遇，使得许多人的生活压力加大，群体心理上产生了相对的被剥夺感，甚至在一定范围内滋生着不满情绪；某些地方政府的行政不作为、乱作为也在一定程度上损害了群众利益，而类似信访等社会表达渠道的不畅通，又使得一些群众感到无处说理，心理压抑。

2. 逆反心理。当群体事件发生后，有关单位出来“辟谣”或“定性”时，因其此前运营中出现的失误，在某种程度上损害了在民众中的信任。因而，无论如何解释，人们不仅不大相信，反而将其视为推卸责任、隐瞒事实的借口。“辟谣”或“定性”不仅无法起到安抚人心的效果，反而起到了火上浇油的作用。

3. 从众心理。在群体事件中，往往有一个人率先怎么干，其他人也会模仿做出同样的行为。尤其是在突发性的群体行为中，加入群体行为的个人，在“集体无意识”的作用下，其心理往往会发生根本性变化，与平时判若两人，甚至不由自主地失去自我意识，失去平时的理智思维和自我控制能力，本能地彼此相互模仿，情绪相互传染，力求与现场的多数人行为一致。在这种从众心理及情绪传染机制的作用下，人们的思维方式极端简单化，许多参与事件的人可能根本没有意识到事件发展的严重性，更无法说清自己参与该群体事件的目的和动机，而大都是“看着别人跑过去，我也跟着跑过去了”。这种从众心理可能会使一个极小的事件在很短时间内聚集起几千人上万人来，从而聚集起巨大的社会能量。这种能量一旦得不到及时疏导或缓慢释放，就可能演变为严重的社会冲突。

4. 法不责众心理。勒庞认为，群体中的个人会感到一种势不可挡的力量，觉得人数越多越不会受到惩罚，这使他胆大妄为，敢于发泄本能的欲望，不再有约束个人的责任感，不再有“不可能”或“不能够”这样的概念。在群体性事件中，个人之所以参与其中，法不责众心理起到了重要作用。许多参与事件的人认为，只要人一多，个人混在群体之中，做着和其他千百人相同的事，往往相信自己的行为不会受到追究。群体行动中个体的去身份化现象是这种法不责众心理产生的最为主要的根源。

5. 去个性化的匿名心理。去个性是指个体在群体中，由于行为的共同性或一致性而使个性、个体特征暂时“去掉”、“丧失”、“淹没”于群体之中。在群体事件中，参与者个体并非以“个人”面目出现，而是作为该群体的一分子活动，其行为被群体共同行为所“同化”。也就是说，参与者自我感觉是“匿名者”，彼此互不认识，不知底细，不会有被熟人认出的危险，于是，价值观、是非观扭曲，自我约束放松，责任感下降甚至丧失殆尽，旁若无人，随意进行反社会行为。

6. 风险转移心理。风险转移心理是导致群体中的个体产生非理性行为的心理机制之一。在群体中，个体的特征被融入了大家共同行动中，平日的责任感、社会规范的约束力已经丧失。社会心理学研究认为，当在群体中共同行动时，个体单独行动时存在的对危险的恐惧心理会转移或消失，而增加冒险精神，对勇敢的理解走入误区，表现在群体性事件中，个体行为无所顾忌，胆大妄为。

第三节　活动结束时的心理学服务

大型公共活动行将结束，现在的做法，往往重点关注场所的后续开发，着重保证后续持续的经济收入。这一点非常重要，这可以使现有资源的效用最大化，关于场所的再开发，如何更好地发挥心理学的作用，可参考本章的第一节内容，此处不再赘述。这里重点要讲的是，如何处理人的因素。上海世博会闭幕后，官方组织了多次大型的人才洽谈会，为当时参与志愿服务工作的人员谋取更好的职业发展，这不得不说是一个很大的人性化措施。但对于绝大多数志愿者来说，通过志愿服务来谋求更好的前途，这并非他们的初衷，况且官方也不认为这是志愿者工作的出发点。志愿者们看重的是服务过程中获得的满足感，以及在困难时不断扶持的志愿者朋友。面对分离，他们一定会非常难过，如何帮助志愿者和员工们渡过分离的难关，对于这个问题，官方在活动组织作通盘的考虑时，应当很好地将这一点纳入到待解决问题范围之内。

一般来讲，对于在一起共事多日的团队，面临着结束时，需要组织方慎重处理志愿者们的分别。一般来说，临近结尾，志愿者和员工们通常已经有浓厚的感情和关系，团队的凝聚力很强。所以，需要小心照顾和面对分离的种种复杂感受。最好的方法是，鼓励他们坦白表达他们对活动过程的看法和感受，并具体要求将要出现的分离做出回应。由于在活动过程中所获得的种种支持、肯定、依赖和浓厚的感情，往往是志愿者和员工在其他生活环境中很难体会到的，因此对于活动的组织方需要有所知觉。

以下六个目标，可以使组织方帮助志愿者和员工们较好地处理分离[10]：

1. 简明扼要地总结出活动过程的要点；
2. 对他们所做出的种种努力和牺牲加以肯定；
3. 对活动过程中出现的未了之心愿做出检视；
4. 协助他们对活动中的个人表现作了评估；
5. 诱导他们表达对活动终结的个人感受；
6. 让全体成员共同面对与处理大家已经建立的关系。

在第二项中，其实包括了活动终结时的一个要项，就是协助他们改变认知，不把活动的结束当作终结，而是将在活动中的汲取的新领悟、新观念和新的决定付诸实践，在以后的日常生活当中。若要他们较容易地将团队经验延伸到生活中，最好活动的组织方需要强调出以后行动的重要性。而且，协助他们对于以后生活中成长的途径与方法。

因此，应该特别重视活动行将结束时的最后一次聚会。活动组织方可以做整个活动的总结，或是请成员总结，让大家表达想法，包括对活动的不满，以避免可能存在的问题和负面情绪。由于成员在最后的发言中，可能会有人有似海般的情绪与感受，所以在大家发言之前，需要先声明是三言两语的表达，在大家同意的情况下再开始。因为如果遇到有成员滔滔不绝时再阻止，而又没有足够的时间去处理的话，问题就会变得复杂。

除了个别表达外，组织方还可请志愿者或员工配对做出分享，但这样做的缺点是没有机会向全体成员表达，也没有机会与全体成员作正式的告别。对于结束阶段的处理，没有放之四海皆适合的方法与形式，要视对他们及整个工作团队的认识与评价，设计出独特而有效的方法来进行。

每个组织方都希望活动圆满成功，因此在结束阶段开始之前，预先设计一些重要的提醒，然后请成员在家中做好准备，到最后开会时，他们可以依据书写的总结摘要做汇报，这样的汇报要避免做成工作总结，当然也要提醒众人，不必将自己的汇报局限于书面的准备稿，要促使他们尽力加上当时直接而自然产生的想法和感受。

参考文献

[1] 石谦飞著，建筑环境与建筑环境心理学，山西：山西古籍出版社，2001.

[2] 苏东水著，管理心理学，上海：复旦大学出版社(第四版)，2002.4.

[3] 李黎，转型期事业单位正职胜任力模型构建研究，博士学位论文，华中科技大学，2008.

[4] 陈万思，中国企业人力资源管理人员胜任力模型研究，博士学位论文，厦门大学，2004.

[5] 许颖、陈爱国、王三平，胜任力模型：招聘的策略和工具，商场现代化 2007(12)，269—270.

[6] 孙亚辉，EAP 在中国企业中的应用及研究展望，中国商贸，2011，23：50—51.

[7] 傅思明主编，突发事件应对法与政府危机管理，知识产权出版社，2008.

[8] 邱林、郑雪、严标宾，谈判心理研究发展述评，心理科学进展 2003，11(2)：235—239.

[9] 吴洪凯，科学把握群体心理演变特征、正确处置群体性事件，河北学刊，2011，35(11)：230—232.

[10] 林孟平著，小组辅导与心理治疗，上海：上海教育出版社，2005.

第三章

心理学服务的模式

心理服务是指把心理学的理论方法应用于生活实践，为大众服务。服务对象可以是个人、家庭、团体或组织，工作方法包括各种心理测量和评估、心理咨询和心理治疗等，目的是预防或消除服务对象的症状或适应不良的行为，促进他们的心理健康，提高其生活质量。

心理服务经过近年来的发展，目前已形成了一些成形或较为成形的模式，本章将对这些模式分别作以介绍。

第一节　EAP 服务模式

一、什么是 EAP

EAP 服务是目前在企业管理中应用很广的一种心理服务模式。EAP 是 Employee Assistance Program 的缩写，即员工帮助计划，它是指由企业为员工提供的系统而长期的援助与福利项目。通过专业人员对组织及其员工进行诊断和建议，并提供专业指导、培训和咨询。EAP 服务的重点是帮助员工及其亲属解决内在心理和外在行为问题，从而提高员工与企业绩效[1]。

EAP 服务从全方位帮助员工解决个人问题，具体可以分为三个部分：第一是对外部因素的处理，即减少和消除引发问题的外部压力源，如不恰当的工作管理和环境因素；第二是解决压力引起的不良反应，即缓解和疏导员工的不正常情绪和行为；第三是针对员工本身的个人因素，即帮助员工改变其不合理信念、行为模式和生活方式等。EAP 服务为员工提供战略性的心理咨询，确认并解决问题，提升员工的工作表现，进而影响组织的整体业绩目标的实现。

全球经济的迅猛发展使得各个企业不断进行着机构设置、薪酬方案等调整，这对员工的心理有很大的潜在影响，在这种背景下，建立 EAP 服务是一个绝佳的选择，EAP 不仅造福企业员工，同时也造福组织本身。据了解，目前世界 500 强中，建立 EAP 的企业占 90%。美国有将近四分之一企业的员工享受 EAP 服务。可见，EAP 的应用正越来越普遍。

二、EAP 服务模式

（一）EAP 常用模块

企业 EAP 服务的常用模块有以下一些[2]：

1. 心理健康状况测查

针对员工的心理现状，由专业人员选定并实施专业且恰当的心理健康调查方法和测评工具，透过对结果的分析来寻找问题起因，确定心理问题的倾向和心理帮助与干预的重点对象，并根据员工心理状况提出管理改进与文化创新的建议。

2. 职业心理专题培训

通过一系列专题培训，例如职业心理健康、压力管理、积极情绪、职业倦怠应对等，提升员工整体的心理素质，帮助他们掌握保持健康心态的方法和技巧；帮助企业管理者掌握对员工进行心理干预的技术，给予面临心理问题的员工适当的协助。

3. 员工团体心理辅导

以"团体（小组）辅导"的形式，对业绩低下、团队气氛较差的二级或三级部门、基层团队以及重要职位的员工，提供解决问题的方案，给予针对性的帮助。

4. 员工个体心理咨询

面对员工不同程度的心理问题，提供不同形式的帮助。如对那些长期经受心理问题困扰的员工，提供电话、在线或面对面的心理咨询服务；对于心理问题严重到已处于疾病状态的员工，提供心理治疗服务；对于企业的重要管理人员，提供心理学在管理中的应用的支持。

5. 员工家属心理辅导

开展团体辅导、个体咨询及家庭治疗等活动，围绕员工的婚恋、情感、家庭、子女等问题提供帮助。

6. 效果评估

在帮助项目进行的各个阶段和项目结束时，提供阶段性评估和总体评估报告，以确认员工帮助计划在组织和个人表现中的有效性，同时也为管理者及时了解员工帮助计划的实施效果提供依据。

(二) EAP服务模式[1,3]

1. 按服务主体区分

按照服务主体来区分，EAP可分为：以管理为基础的内部EAP模式，以契约为基础的外部EAP模式，以专业化和灵活性相结合的内/外部联合EAP模式。

(1) 内部EAP

内部EAP主要是指在企业内部配置专门机构或人员，由企业内部专职人员来管理和负责EAP项目，为员工提供帮助。规模较大或发展时间较长的企业会建立内部EAP，而一般的小型公司设置内部EAP的较少。内部EAP一般是由企业内部机构和人员实施，以方便对组织和员工情况的了解，有助于问题的及时发现和有效解决，而这也是小公司不设置内部EAP的原因，因为其人数的限制难以确保EAP服务的保密性原则。

设置内部EAP，其优点在于EAP项目负责人对组织和员工的深层了解。企业内部专职人员对组织的特色文化、发展现状及员工特性都有着较为深入的理解和把握，拟定解决方案时更具针对性；能够有效利用内部资源来执行和实施项目计划。内部EAP的缺点在于很难维持中立。专职EAP人员为组织员工，一方面要做好保密工作，另一方面还需把握好与组织管理层及其他组织部门之间的关系。如果员工认为EAP与管理层关系太紧密，很可能就不会信任EAP。

一般来说，企业直接建立内部EAP较为困难，因为这需要具有实施经验或者是专业机构的指导和帮助，所以绝大多数企业的做法是先实施外部EAP，然后再建立内部的长期EAP。

(2) 外部EAP

外部EAP是指由外部专业的EAP服务机构进行具体操作，企业与服务供应机构签订合同，服务机构为企业提供具有社会工作、心理咨询等知识经验的专业人员，并安排1至2名EAP专员负责沟通和配合。

外部EAP的优点是节省了组织人力资源的消耗，企业仅需支付一定报酬就可享受全套EAP服务。由于EAP服务工作人员全部都是非企业员工，所以在开展EAP服务工作时能更好地保护个人隐私；此外，外部EAP最大的好处是最大限度地独立和最小限度的官僚化。外部EAP的缺点是与企业管理层面的浅沟通，而且由于工作人员并非组织成员，所以对于组织文化和发展状况的了解存在局限性，另外，外部 EAP 服务的费用也较高。

(3) 内/外部联合 EAP

内部 EAP 相对外部 EAP 来说更节省成本，但考虑到员工心理敏感和保密需要，外部 EAP 则更具优势。且专业的 EAP 服务供应机构一般都具有较为广泛的服务网络，能够提供范围较广的服务，甚至是全球服务，这是内部 EAP 无法实现的。

在 EAP 实践中，大型企业往往采用内部和外部 EAP 结合的形式。组织内部 EAP 实施部门与外部的 EAP 专业机构联合，共同为组织员工提供帮助项目。这样的联合既考虑了项目负责人员的专业水准、员工的信任度，同时也在组织联系人的协助下推动整体项目，对项目施行质量进行监控。联合模式下企业通常是选择当地的外部 EAP，而非选定一家跨区服务。

(4) 内部 EAP 与外部 EAP 的比较

内部 EAP 和外部 EAP 两种模式各有特色，企业可根据如何使服务效果最优化来选择合适的模式。

第一，组织的控制。组织的控制在内部 EAP 中占有较大比重。内部 EAP 的项目工作人员皆为企业员工，他们从属于组织管理者和组织的业绩评估。内部 EAP 不需要签订保密协议，他们能够在适用预先分配资源的工作范围内担负责任，其报告的性质也可以被管理机构具体制定。当然，控制必然与约束联系在一起。管理机构可能对内部 EAP 的低活动性表现出较多的容忍，且管理机构要具备评估 EAP 成员个体和集体共同业绩的能力。相对来说，组织对于外部 EAP 的控制和直接管理比重较小。

第二，便捷性。EAP 相关服务越是便捷，便越易被使用。对于管理者来说，他们需要选择更加便捷的 EAP 项目，这样能够提升员工在面临危机时使用 EAP 的可能性，同时提高 EAP 项目对于正常工作秩序和程序的维持能力。从表面来看，内部 EAP 比外部 EAP 更具易接近性和易获得性；但也正因为此，内部 EAP 可能会成为保密原则的障碍。

第三，灵活性。外部 EAP 服务是面向所有企业组织的，这就需要它们的设计和运作更具灵活性，以便能够适应各个组织内部员工的变化情况。一般来说，外部 EAP 供应商如果没能得到合同规定的服务费用，就会影响到其服务质量，但内部 EAP 则受此影响较小。内部 EAP 的局限可能在于工作人员的专业性也许无法达到外部EAP专家的水平。

第四，持续性。调查研究的数据表明，相比内部EAP，外部EAP更不容易持续进行。因为如果管理层对外部EAP工作不满意或认为将资金投到其他地方更为合适，就很有可能不再与外部EAP续签合同。但另一方面，公司员工希望维系外部EAP的意识会强于内部EAP。这是因为，员工很可能将内部EAP看作组织运行体系的一部分，不太会费心考虑其是否会继续进行；而外部EAP更容易被认为是一种福利，因此员工希望维系其继续进行的意识会比较强。

第五，效果评价。管理机构一般不会为了审视EAP项目效果而对EAP的运作进行仔细检查，大多数情况下只是基于表面效果对其进行评价。外部EAP通常都是按照统一的格式对不同公司的EAP项目进行记录，形式较为单一。相对来说，内部EAP在收集效果信息上会具有明显的优势。

第六，花费。在制定EAP花费计划时，应从如何充分利用EAP优势的角度出发。相对来说，外部EAP的花费较高。

2. 按实施时间长短区分

根据服务实施时间长短，EAP可分为长期EAP和短期EAP。

一般而言，EAP作为一个系统项目需要经历一个较为长期的实施过程，持续几个月、几年甚至是没有终止时间。但在某些特定状况下，如裁员、并购等公司变动，导致员工出现恐慌心理、应激状态和沟通问题等，这时原本没有实施EAP的企业就可能选择短期EAP来实施员工帮助。短期EAP主要是针对企业发展中的一些特殊阶段，以时间相对较短的员工帮助来辅助企业发展。

3. 按提供服务的周期（次数）区分

依据EAP根据提供服务的周期或次数可将EAP分为评估和转介模式、短程问题解决模式两种。服务周期控制在3次以内的为评估和转介模式，周期为3至5次称短程问题解决模式。两种模式都包括评估、转介和跟踪三个环节。

（1）评估和转介模式

EAP服务提供综合性评估，但有时也会依据情况所需，转介给其他服务机构。一般而言，这种评估和转介模式可能会进行1—3次。

（2）短程问题解决模式

EAP服务会在需要时进行转介，并且提供短程问题处理。当采用短程问题解决模式时，通常会需要几次的会谈；一般EAP都会控制在8次服务之内解决问题。

4. 按服务内容区分

依据服务内容，EAP 可分为传统 EAP 和拓展 EAP。传统 EAP 的服务内容包括压力管理、职业心理健康、健康生活方式、理财问题等方面，拓展 EAP 则是在保证这些核心服务的基础上建立其他扩展服务。EAP 服务机构要在初期把握好服务范畴，并时时关注组织的新需求，保持敏感，并在保证一致性和互补性的前提下增加新的服务，丰富 EAP 的核心技术。

5. 按服务场所区分

EAP 还可根据服务场所，分为公司本地服务、场外服务和主场服务。公司本地服务是指雇主提供场地，场外服务则包括电话、面询等，主场服务是指由 EAP 提供商提供场地。

三、EAP 服务在中国

随着中国经济的发展，越来越多的外资企业被吸引到中国，设立其分支机构，在这些外来组织进驻中国的同时，各种现代管理理念和方法也被带入中国。EAP 服务是在最近几年开始在中国发展起来的，这种关注员工职业心理健康和组织发展的服务模式首先是在国内的大型外资企业中开始流行的。

随着越来越多的外商投资企业启动 EAP 服务，国外的 EAP 服务机构也因此开始进入中国市场。大多数外企考虑到保密原则，都采用外部 EAP 模式，即由专业机构来提供 EAP 服务，也有部分企业实施内部 EAP 服务模式。

EAP 作为一种起源于西方社会的新生事物，它在中国必将经历一个适应当地文化的过程，在这个过程中，EAP 需要考虑文化背景、员工观念等多方面的差异，调整其服务内容和方式，发展出具有中国特色的 EAP 服务。近年来，本地 EAP 服务机构相继出现，EAP 相关服务逐渐渗入本地企业，例如联想集团、中国国家开发银行和上海大众集团等都已启动了企业的 EAP 项目[1]。

在相关的国外管理理念的推动下，国内的本地企业正逐渐开始重视企业员工，相关的意识或理念越来越清晰。在这种趋势的影响之下，各类专业服务机构开始推动 EAP 的发展，一些本地高校和研究单位也表示支持，中国的 EAP 行业正迎来一个广阔的发展空间。

第二节　突发事件/灾难中的心理服务模式

一、突发事件及灾难的定义

（一）突发事件的定义

从广义上讲，突发事件可以被理解为突然发生的事情，这包括了两层含义：第一层含义是事件以出乎意料的速度发生、发展；第二层含义是难以采取常规方式来应对的事件，必须以非常规方法处理。

依照流行病学的角度，突发事件又名突发性公共卫生事件、突发卫生事件和公共卫生突发事件，可定义为：出乎意料地在某一短促时间内发生，可能会引起大量伤亡，或严重影响到人群的生命和身心健康，造成一定强度或广度的公共卫生威胁，并需要联合卫生机构等多方面的力量，立即采取行动，进行紧急救援和处理，由各种自然或人为原因所引起的事件。

从国家法规来看，根据2007年11月1日起施行的《中华人民共和国突发事件应对法》，突发事件被定义为：突然发生，造成或者可能造成严重社会危害，需要采取应急处置措施予以应对的自然灾害、事故灾难、公共卫生事件和社会安全事件。

突发事件依据可能造成的危害程度、波及范围、影响力大小、人员及财产损失等情况，其预警级别由高到低可划分为特别重大（Ⅰ级）、重大（Ⅱ级）、较大（Ⅲ级）、一般（Ⅳ级）四个级别，并分别以红色、橙色、黄色、蓝色来表示。突发事件的分级标准由国务院或者国务院指定的部门制定[4]。

（二）灾难的定义

灾难是突发事件中的一种特例。依照美国联邦紧急事件处理中心的定义，“灾难”是指严重性及重大程度导致死亡、伤害以及财物损失，而且无法通过政府一般的程序及资源来处理的突发事件[5]。面对灾难，政府及诸多民间机构需要做出即时的、整合的、有效的应对，来安抚人性需求，缓解灾难造成的不良影响，加快恢复速度。

灾难的体系庞大而复杂，可分为天灾（自然灾难）和人祸（人为灾难）两大体系，这两个体系往往互相交织，较难区分。大多自然灾难是非人力所能抗拒的，而人为灾难则多是由于人类疏忽或蓄意造成的，前者只能靠预防和抗灾来减轻损失，后者则大多可以预防和制止。

二、突发事件/灾难中的心理服务模式

根据中国卫生部2008年在汶川灾后颁布的《卫生部心理危机干预方案(修订版)》，我们可以从以下几个方面解读突发事件或灾难中的心理服务模式[6]。

(一) 干预的基本原则

心理危机干预应根据整体救灾工作的部署，及时调整工作重点。采取相应措施确保心理危机干预活动在展开后能得到完整的实施，避免再次创伤，还应实施分类干预，针对不同受助者的问题提供个体化帮助，并严格遵守保密原则。并且应该明确，心理危机干预只是医疗救援工作的一部分，要注重与其他工作的协调配合。

(二) 工作内容

把握心理危机干预的关键时机，综合运用各种干预技术提供心理救援服务，促进灾后社区心理社会互助网络的形成，且要时时关注受灾人群的社会心理状况，对可能出现的紧急群体心理事件要做到早发现、早汇报，并及时提供解决方法。

(三) 目标人群

心理危机干预人群可分为四级。干预重点从第一级人群开始，逐步扩展。

第一级人群：灾难亲历的幸存者，如死难者家属、伤员、幸存者。

第二级人群：灾难现场的目击者(包括救援者)，如目击灾难发生的灾民、现场指挥、救护人员(消防、武警官兵、医疗救护人员、其他救护人员)。

第三级人群：与第一级、第二级人群有关的人，如幸存者和目击者的亲人等。

第四级人群：后方救援人员、灾难发生后在灾区开展服务的人员或志愿者。

通过对目标人群进行评估，可以将目标人群分为普通人群、重点人群。制定分类干预计划，对普通人群开展心理危机管理，对重点人群开展心理危机援助。

(四) 工作流程

心理危机干预可包括前期准备、现场工作等环节，还应针对不同的目标人群采用不同的干预方法。

1. 前期准备

心理危机干预的基本前期准备需要做到以下几点：

(1) 确定灾区基本状况。重点了解灾难类型、伤亡人数、道路交通、天气状

况、通讯和物资供应以及目前政府救援计划和实施情况等。

(2) 开展紧急心理危机干预培训，以及基本医疗救护知识和技术的培训。

(3) 对干预对象的分布和数量做初步估计。

(4) 制定初步的干预方案和实施计划。

(5) 准备相关材料、物品与工具，如宣传手册、简易评估工具、常用药物等。

2. 现场工作

以小组形式开展干预活动，遵照任务要求按时到达指定地点，接受当地救灾指挥部指挥。在初步了解灾情，熟悉工作目标人群和场所后，按照既定干预方案开展工作；对没有提前定制计划的地方，要抓紧制定干预方案。

现场工作主要包括筛查灾民、根据评估结果进行分类处理、工作总结及方案调整、工作汇报等。

(1) 筛查灾民。可以使用简易评估工具，来确定重点干预人群。

(2) 根据评估结果进行分类处理。根据筛选评估确定普通人群和重点人群，并有针对性地进行分类处理，具体处理技术在后面将有详细介绍。同时，根据当地条件，还可通过一定的形式，如集体讲座、个体辅导、集体心理干预等，帮助救灾工作的组织者、社区干部、救援人员等学会简单的沟通技巧、自身心理保健方法等。

(3) 工作总结及方案调整。对干预工作应做到日日总结。通过每日会议来调整工作方案，并对次日的工作进行筹划，同时进行团队内的相互支持。

(4) 工作汇报。及时将干预结果汇报给当地负责人，并对需要着重注意的干预人群提出指导性意见，尤其是针对重点人群开展的救灾注意事项。在所有干预工作结束之后，要向有关部门进行及时的总结和汇报，所有队员接受一次督导。

3. 常用技术

通过评估，可将目标人群分为普通人群和重点人群，针对不同的人群，要恰当使用不同的心理危机干预技术。

(1) 普通人群

经过对目标人群的评估没有表现出严重应激症状的人群为普通人群。对普通人群应采用心理危机管理技术，将心理危机管理的意识与措施贯穿从灾难发生后的救援活动到事件的善后安置处理的整个过程。

第一，妥善安置灾难中的普通人群，避免过于集中。实施分组管理，将相互熟悉的灾民安排为一个小组，选派组长作为心理救援协调组的联络人，负责本组的心理危机管理，并针对各小组组长开展危机管理培训，由此建立新的社区心理社会互助网络。

第二，加强心理应激和心理健康知识的宣传。充分利用大众媒体来帮助灾民了解应对灾难的有效方法。

第三，联合各方力量，加强协调配合。心理救援组应与当地民政部门、学校、社区工作者或志愿者组织等负责灾民安置与服务的组织部门建立联系，并针对一些必要事项对他们开展培训，让他们协助参与、支持心理危机管理工作。同时，还要与救灾指挥部保持密切联系与沟通，及时向救灾指挥部汇报在心理危机管理中发现的问题，并提出对策，以确保心理危机管理工作的顺利进行。

(2) 针对重点人群的常用技术

经过评估表现出严重应激症状的为重点人群。重点人群是心理社会支持服务的主要对象。对其中因灾难受到严重心理创伤的人员，要为其提供到精神卫生专业机构进行治疗的建议和信息。

心理辅导是一种通过交谈来减轻灾难对重点人群造成精神伤害的方法，存在个人或团体形式，自愿参加。具体过程为：

第一，了解灾难后的心理反应。以访谈或问卷的形式来了解和评估灾难给人带来的应激反应表现和灾难事件对自己的影响程度。引导重点人群说出自己遭受灾难的感觉。

第二，帮助其寻求与确认社会支持网络。让重点人群确认自己的社会支持网络，明确自己能够从哪里得到帮助，包括家人、朋友及社区内的相关资源等，以及能够得到怎样的帮助，如情感支持、建议或信息、物质等方面。由此让重点人群明确自己可以从外界得到帮助，有人关心他/她，以提高其安全感。

第三，帮助其选择合理的应对方式。教会重点人群积极思考，了解采用消极应对方式的不良后果，鼓励其主动选择高效的应对策略，强化他们的控制感和适应能力和应对能力。

三、美国的心理卫生服务在紧急事件中的角色与规划

美国对于日常遭遇到的非大灾难性的紧急事件，一般是由地方来进行控制和处理，这就将由灾难引发的救难工作分摊给了各种社区组织(包括官方与民间)以及个人。虽然已有既定的惯例、法律、契约以及特约方式来对这些工作的

角色与义务进行规范，但是在指派这些工作和分配资源上，还是会有较多不统一的地方，不过混淆不清的情况相对来说还是比较少的。

在灾难的紧急处理上，一个整合的灾难心理卫生计划是非常重要的。在美国的很多州，州长都直接下命令进行心理卫生因应规划，且心理卫生机构和其他救灾机构都有因应灾难的心理卫生计划。由于灾难的因应超出了单一组织的负荷能力，所以各相关机构与部门还需在因应灾难时制定共享资源、互相配合的联合规划。部分州区已经通过立法来对此加以规范。

灾难心理卫生规划需要界定各个参与机构在灾难计划、因应以及复原过程中所牵涉的地方、州及联邦单位的角色、义务与关系，同时也必须界定这些心理卫生机构的角色、义务与关系。灾难心理卫生计划的核心目标是确定对灾后幸存者的心理健康需求的回应，需要考虑到效率性、整合性等，所以该计划需要心理卫生工作人员高效率地运用组织内的设施、人员以及其他资源，以协助劫后余生的幸存者、紧急救灾的工作人员以及社区本身[5]。

灾难发生后，灾后的心理卫生机构与其他机构，如社会服务单位、学校、执法机关等之间的互动关系，将会由原本的界限清楚发生短暂的改变，心理卫生机构要能够与其他机构共同协作，分担工作及资源贡献，且在救灾过程中，很可能会产生新的组织、新的工作，并且会吸引非负责灾难因应的人员积极参与。

在灾难之后的长期复原过程中，心理卫生计划通常只是社会服务和庇护计划的一部分，心理卫生的工作需要与其他机构密切配合。在避难所或进食区等幸存者的聚集之处，通常都是各个救灾组织如红十字会与社工机构等负责的重点。一些地方的实践经验发现，在心理卫生计划中纳入一个与红十字会签订的《互援备忘录(Memorandum of Understanding, MOU)》，明确两个机构之间彼此的角色与义务，能够提升工作效率。同时，由于心理卫生服务主要是针对幸存者的，有时也需要在医院、紧急事件处理中心、验尸地点等进行，因此心理卫生计划还需与紧急医疗计划、公共卫生计划及检察官的协助方案互相配合[5]。

四、我国突发灾难事件后的心理援助服务反思——以汶川为例

2008年5月12日四川汶川特大地震之后，党和国家对心理援助给予高度重视。卫生部于5月15日紧急制定下发《抗震救灾卫生防疫工作方案》，该方案就灾后心理危机干预做了重点指导。政府组织、非政府组织、科研院所和国际组织，以及一些民间机构、志愿者等都在同一时间赶赴灾区提供心理援助服务。这

种突然的高度重视以及众多组织的杂乱参与却导致了灾后心理援助混乱不堪的局面。反思这一情况，我们可以发现中国在灾后心理援助方面存在着以下问题[7,8]：

（一）缺乏统一的组织和领导

虽然国务院曾在早年颁布过一些和灾后应急预案有关的法令和规定，但是在众多的应急预案中都没有明确规定谁来组织和实施突发公共事件的危机心理干预，因此汶川震灾后，对于谁来组织灾后心理援助、谁来实施相关计划，并无明确答案可循。作为灾后心理援助的积极参与部门，如教育部、民政部、团中央、妇联等，都没有确切规定领导者和组织者。这些都从根本上导致了灾后心理援助工作的混乱。

（二）缺乏专业人才队伍

灾难心理援助的基础就是要保证专业人员的素养，这样才能对灾难引发的创伤进行治疗。但我国对这方面的专业人员培训却没有给予相应的重视。目前，负责灾后危机心理干预的人员主要是国内临床心理学家、社会工作者及精神病学医师，而其中只有较少部分的人接受过灾后心理干预相关培训、能从事重大灾难后心理援助服务工作，这远不能满足我国十几亿人口的需求。在汶川地震之前，我国的灾难心理干预专业人员不足200人，接受过心理危机干预培训的人员不到300人，而日本具有这类人才约3000人，美国约有6000人左右。我国的灾难心理干预专业人员储备相对于我国庞大的人口来说相当欠缺，这大大影响到了灾后的心理援助服务。

（三）实施过程存在争议

在灾后危机心理干预方面，我国尚缺乏深入的探索。在汶川震灾后的心理援助工作中，干预时间与干预方法的合适与否均存在着争议。

在干预时间上，一些心理咨询专家称，危机干预的最佳时间是事件发生后的24小时至72小时。这是因为地震刚刚发生后，人们都处于灾难所带来的极度恐惧之中，其心理正面临着巨大危机。但有些人则认为在灾难刚发生的几十个小时内，救助灾民应该是最主要的工作，而且由于灾难现场混乱，并不适合做心理咨询，所以这段时间并不适宜进行心理援助。

而在干预方法上，以往一般的突发灾难事件的心理干预形式首先是集体性会谈，从中筛选出情况严重的高危者，然后对其实施进一步干预，主要包括宣泄、陪伴、倾听、鼓励等，这种形式从一定程度上来说可以缓解幸存者的痛苦。汶川地震的心理援助也基本是在使用这些方法，但这些方法在汶川震灾中的有效性，以及更多诊断与干预方法的开发与验证，都有待后续的深入研究。

（四）欠缺长期规划

汶川震灾从应激源分类属于不可预料或不可控制的负性应激源，灾后心理援助是一个长期而艰巨的过程。震后心理应激进入到慢性期反应主要表现为创伤后应激障碍（PTSD）和适应障碍。但由于汶川震灾的特殊性，如其余震在随后的一年半内仍在反复发生，这加剧了灾区民众对创伤体验的重现以及警觉性和回避，如何更有针对性地进行本土化的心理干预与治疗是值得深入研究的问题，简单地按照PTSD和适应障碍的一般病程情况来进行干预是不合适的。但是，无论是参与援助的官方政府还是民间团体，大都不能深刻认识到心理危机干预这项工作所具有的艰巨性，各个机构的援助服务也多是为应急而组织起来的，只考虑其短期目标及效益，而在长期规划方面存在欠缺。

由上述的四点反思可见，我国危机心理干预的健全与完善工作任重而道远。

首先，需要国家完善相应的法律法规，对灾后心理卫生工作进行统一的部署与实施，明确规定各项任务的领导者、组织者、实施者等，对任务如何实施以及经费保障等一系列问题予以明示，以保证灾后心理援助的顺利实施。

第二，要加强灾后心理援助专业人员的培养，加强人员储备，一旦灾难发生，就能有足够的专业人员立即投入到灾后危机心理干预工作中。

第三，要加强危机心理相关研究，如如何筛选高危人群，如何有效关注儿童、青少年及老人等特殊人群，如何在灾后心理干预中有效应用早期干预方法及现代科学技术手段等，以理论指导实践，从而促进危机心理干预工作的长足进步[7]。

第三节　大型文体活动中的心理服务模式

一、美国运动心理咨询师奥运会心理服务

奥运会是一项全球瞩目的体育文化盛事。在过去的三十多年中，奥运会运动员对比赛之前的准备越来越人性化、科学化。随着运动心理学的发展，许多国家开始通过国家奥林匹克委员会或单项体育联盟给运动员提供运动心理学服务，越来越多地应用运动心理学从业者活跃在奥运会场上，其中尤以美国为

代表。

美国奥委会运动心理学会全体职员中持有执照的运动心理咨询师目前有四批，这四批咨询师都受过体育科学和运动心理学的专业教育。这些运动心理咨询师需要在全盘考虑所有运动员的心理问题的前提下，向委托人提供从咨询、认知一行为方法到运动心理学心理技能的建立等一系列的优质服务，以对运动员的运动成绩带来积极影响[9]。

（一）随队旅行

运动心理咨询师一般都会采取随队旅行的方式，与运动员密切接触，以此来拉近双方的关系。他们通常都会与队员同吃同住，陪同队员从实践到观察、学习和演示有效性、开教练员会议、队员会议等，有时也单独与运动员和教练员一起工作。这样的方式使得心理咨询师作为团队的一部分被运动员和教练员接受，长此以往，定点心理咨询师就能够在训练和比赛中提供有效的心理训练和心理支持。在双方长期的共同生活工作的过程中，运动员会用自己的方法来与心理咨询师一起工作，有些运动员会向咨询师询问个人问题，有些则通过团体会议与咨询师达成共识。

（二）咨询服务

咨询师与运动员、教练员长期相处，话题并不是简单地局限在运动心理学问题上，而是会触及个人的生活问题，例如婚姻、孩子、爱好等。

在整个比赛进程中，咨询师会出现在赛前、赛中、赛后许多地方。因为外界环境的影响，咨询师将进行时间不定、地点不定的咨询服务。咨询师与运动员同为奥运代表团的成员，他们每天会面谈话的时间从 5 分钟到 2 个小时不等，不分时间和地点，包括深夜。有些会面会在公共场所进行，如体育馆、游泳池边、奥运村来去的公交车上或者是奥运餐厅里；而有些会面则需要秘密进行，远离队友、教练和对手，这种时候就需要咨询师费心去寻找合适的地点。如果咨询师待在奥运村，通常他们都会选择在自己的房间内会面，这个地方可以使运动员或教练组成员真正放松、给予咨询师真正的信任。

（三）应对媒体

随着运动心理咨询服务的流行，奥运会这样一个对运动心理咨询有着高需求的项目，自然会引起媒体的广泛关注。记者往往都十分想要了解关于运动员的机密性问题以及咨询师和运动员的关系问题。

咨询师团队的信息分公开型和秘密型两种。公开的咨询师会经常在媒体、团队照片中出现，咨询师是团队的一部分；秘密的咨询师一般不会暴露他们与运动员的关系，在每届奥运会中都会有部分运动员愿意将运动心理学纳入自己的准备阶段。一般而言，为了遵循心理咨询的职业原则，咨询师会选择在尊重媒体工作的情况下尽可能远离媒体。即使在有些情况下，运动员允许咨询师与媒体交流，咨询师也应该注意不要谈论个体运动员，因为咨询师的讨论存在被误解且无法控制的风险，咨询师谈论越多，其与运动员之间的关系便会受到越多的伤害。因此，现实中的奥运会，都会尽可能地使咨询师匿名，以此来尽量控制泄露与运动员相关的内容。

（四）多队同时服务

运动心理咨询师对于团队的成功具有无法替代的影响，从美国奥委会的公开声明及其细致要求就可以看出这一点。在奥运会期间，所有的队都在同一时间在同一地点比赛，所以美国奥委会限制了奥运会中运动心理咨询师为不同团队服务的数量，例如，在雅典奥运会中，一名咨询师要求为2—4个奥运会团队服务[9]。

二、大型文体活动中安保人员的心理应激干预

前面我们对运动心理咨询师在奥运会中的心理服务模式进行了介绍，奥运会是世界性的体育盛会，是最具代表性的大型文体活动之一，而在各种各样的大型文体活动中，除了竞技选手，安保人员也是心理服务需要重视的对象之一。大型文体活动对安保人员的心理应激能力提出了更高的要求，这一类活动相比于其他活动有着诸多的特殊性，例如参与人员广泛性、不安全因素多面性、活动时限长期性、活动影响社会性等，这些都使得安保人员承受着前所未有的压力与挑战，并增加了安保工作的难度。而活动中各种类型的突发事件，更是在考验安保人员的心理素质，所以对安保人员进行心理干预既是保证安保工作圆满完成的必要前提，也是维护安保人员心理健康的必要手段[10]。

结合心理应激的相关理论与安保工作的特点，针对安保人员的心理服务可以从以下几个方面构建[10]：

（一）认知干预

认知是应激事件中的重要环节，对人们如何进行应激反应有很大的决定作用，因此，在安保人员培训中，应将认知培训纳入其中。以突发事件的性质、特征、处置方法、经典案例等为内容，进行完整的培训，使安保人员对突发事件有更

加深入和细致的认识，纠正其不合理的认知，令其能够客观合理地认识可预知的应激事件，对不可预知的应激事件有充分的心理准备。在培训过程中，还需针对安保人员的心理特点及个体差异进行特别的心理辅导，以更好地帮助他们确立科学的认知。

（二）应激反应训练

安保人员面对突发事件不可避免地会产生心理的、生理的反应，即应激反应。适度反应可以调动心理与机体能量以应对应激事件，具有积极意义，过度反应则会在某种程度上产生消极作用。因此在对安保人员的培训中，可以在认知干预的基础上有针对性地以不同的应激事件为例，进行情境模拟演练。情境模拟演练是一种很有效的方法，安保人员经过反复的演练，既可以缩短面对突发事件的反应时间，也能使合理的应激应对自动化。

（三）心理咨询

除了要在活动之前的培训中加入心理服务的内容，在活动开展期间，也要定期对安保人员进行心理咨询和辅导。由于大型文体活动的特殊性，如参与人员广泛性、不安全因素多面性、活动时限长期性、活动影响社会性等，本身已经给安保人员带来了巨大的压力与挑战，而一旦出现应激事件，安保人员不仅要调整好自身的情绪反应，还要集中精力消除应激源，因此会承受极大的心理负担。通过心理咨询和辅导，可以帮助安保人员缓解压力，解决工作或者生活中的困扰，避免应激反应过度持久刺激机体而形成心理障碍。

同时，大型文体活动的安保计划应在防范突发事件的工作上做到最大努力，降低突发事件发生的可能性。即使事件发生，也尽量使之处于掌控之中，以此与心理服务一起，对安保人员的心理应激起到积极作用。

针对安保人员的心理服务在国外已经较为普遍，但在我国还没有流行起来。不过，回顾我国在近几年来举办的一些大型文体活动，可以看出我国已逐渐开始重视对安保人员的心理应激干预，相信这一良好的趋势在将来会不断发展。

第四节　社区心理服务模式

除了前面三节介绍的几种心理服务模式，社区心理卫生服务目前在人们的生活中也不断发展起来，这一节将简单介绍一下社区心理卫生的服务模式。

一、国外社区心理服务模式简介[11]

社区心理服务自20世纪中后期开始,在一些发达的西方国家先后展开,其中尤以美国、瑞典及澳大利亚等国家为代表,发展至今,其服务体系在这些早期开展的国家已较为成熟,并成为其他国家借鉴效仿的对象。

(一) 服务对象

社区心理健康服务的对象是社区的各类居民,如有抑郁、焦虑等心理问题的孕妇及新任妈妈,存在认知、情绪和行为问题的青少年儿童(厌学、暴力、自闭等心理行为障碍),具有较为严重的生理或精神疾病的出院病人,具有恐惧、焦虑、无价值感与孤独感等心理问题的老年人等。针对不同的居民群体,会有不同的服务工作。

(二) 从业人员

社区心理健康服务中心的从业人员主要是精神科医师、心理咨询师、保健医师及社会工作者等。

(三) 工作形式

社区心理服务工作的开展主要是在精神医师和心理学家的指导下,由初级护理人员进行具体实施。由于社区护理设置于基层,心理服务人员能够及早发现社区居民的心理障碍,进行治疗或转介医院,从而成为社区与正规医院之间的纽带;同时,由于社区心理服务人员与居民长期接触,可以与有需要的居民维持较长时间的帮扶关系,指导其日常生活实践,以形成广泛的心理健康服务网络。这些都是社区心理健康服务的特定工作形式具有的优势。

(四) 服务体系

社区心理健康服务体系受到地域、文化、人口、环境等因素的影响,在各个国家表现出多样性。例如,在瑞典,社区心理健康服务由瑞典郡议会与地方市政府共同负责,全国划分出六个社区心理健康服务体系的护理区域,每个区域都配备一个大学医院;六个护理区域的心理健康服务的执行单位为下设的许多较小责任区;在澳大利亚,政府则以州为单位进行划分,指定医院或社区机构中心为每个划分区内的居民提供服务。

二、中国社区心理服务模式[12]

与西方国家相比,我国的社区心理健康服务还较为不成熟,存在较大的发展空间，有许多待完善之处。总体来说，目前我国主要存在两种社区心理卫生服务模式：卫生系统主办模式与非卫生系统主办模式。

（一）卫生系统主办模式

卫生系统主办模式是我国目前社区心理卫生服务的主要模式，武汉、深圳、杭州等地均是采用这种模式。该模式以社区卫生服务体系为依托，是一种“市心理（精神）卫生中心——区心理（精神）卫生中心——社区卫生服务机构”的三层级组织管理和技术指导体系。

社区卫生服务机构的主要工作是创建心理咨询室，开展基本的心理卫生服务，例如了解居民心理健康状况、开展心理健康教育与心理健康知识宣传等。社区卫生服务机构的工作由卫生行政部门进行统一管理和规划，并提供经费支持。这个层级的工作人员主要是具备有医学知识背景的社区卫生服务人员。

区心理（精神）卫生中心的主要工作内容是开展心理咨询、心理疾病的初次诊断、轻微心理问题的处理等；除此之外，还需指导社区级服务的业务，并对他们提供服务支持。区级服务平台的工作人员大多是具有国家执业资质的心理咨询师和精神科医生，他们会经常到社区为居民提供专业的心理卫生服务。

市心理（精神）卫生中心的服务对象主要是社区和区级服务平台无法治疗的重性心理疾病和精神疾病患者，并对前两级服务平台提供技术支持，进行专业业务指导；该平台还实行转诊服务。市级服务平台的工作人员主要是专业的心理医师、精神科医师。

（二）非卫生系统主办模式

非卫生系统主办模式指的是在当地民政部门的主导下，以社区为单位建立专门的社区心理卫生服务中心，以“民政部门-社区心理卫生服务机构”为组织管理体系。采用这一模式的地区有新疆克拉玛依、广西桂林等。

该模式下，社区心理卫生服务中心由民政部门主导管理，为其提供经费支持、制定相应政策、规划心理卫生服务工作等。社区心理卫生服务中心则承担具体的心理卫生服务工作，并对下设的各级心理卫生服务机构给予技术指导和工作督导。心理卫生服务的主要工作人员是专业的心理卫生服务团队和相关的社区行政人员。其中，社区行政人员的主要工作内容是开展心理健康教育、心理卫生知识宣传等，专业心理卫生服务团队则主要负责心理咨询、心理治疗、精神病人的康复治疗等工作。

参考文献

[1] 外服心理援助中心网站，http://www.eap.sh.cn/Service.aspx.
[2] 育龙网_EAP 中国模式的六个构成模块，http://www.china-b.com/jyzy/rsgl/20090328/1268857_1.html.
[3] 李星，新浪博客_EAP 服务模式，http://blog.sina.com.cn/s/blog_4b674d3f0100hupc.html.
[4] 百度百科_突发事件，http://baike.baidu.com/view/39487.htm.
[5] 心理搜普网_灾难：从发生到复原　心理卫生专业人员工作手册，http://bbs.psysoper.com/thread-9644-1-1.html.
[6] 中国网_卫生部：抗震救灾心理危机干预（修订版）方案，http://www.china.com.cn/news/zhuanti/wxdz/2008-06/08/content_15696604.htm.
[7] 贺庆莉，从汶川地震反思我国突发灾难事件后的心理援助服务，湖南第一师范学报，2009.6，9(3)：143—145.
[8] 冯毅翀、余冰等，汶川地震后心理援助服务的人类学思考，医学心理学，2010.2，31(2)：40—41.
[9] 程丽平、徐建华，美国运动心理咨询师奥运会心理服务分析，体育文化导刊，2009.11，70—73.
[10] 任延涛，大型文体活动中安保人员的心理应激与心理干预，贵州警官职业学院学报，2007.5，105—107.
[11] 黄觅、叶一舵，国外社区心理健康服务发展概况及其对我国的借鉴意义，福建医科大学学报，2010.9，11(3)：23—25.
[12] 孙娜云、张雯露等，我国社区心理卫生服务模式比较，医学与社会，2010.11，23(11)：94—95.

第四章

心理服务从业者的资质及伦理

第一节　专业性心理服务

一、心理咨询师的资质认证

（一）从业者的职业资格

为大型公共活动提供心理咨询服务的从业者必须拥有国家二级心理咨询师资格。根据2001年我国劳动和社会保障部委托中国心理卫生协会组织制定的《心理咨询师国家职业标准》，将本职业分为心理咨询员（国家职业资格三级）、心理咨询师（国家职业资格二级）、高级心理咨询师（国家职业资格一级）三个等级，对心理咨询师职业的活动范围、工作内容、技能要求、知识水平、晋级培训、资格鉴定等都做了明确规定；其中要求掌握的基础知识包括普通心理学、社会心理学、发展心理学、心理健康与心理障碍、心理测验学、咨询心理学与心理咨询相关的法律知识等。晋级培训期限：心理咨询员不少于720标准学时，心理咨询师不少于520标准学时，高级心理咨询师不少于320标准学时；资格鉴定方式包括理论知识综合考试和实际能力考核两项内容，理论知识综合考试采用闭卷笔试，实际能力考核采用专家组面试评定的方式进行，内容包括心理评估、案例分析、咨询方案制定和交谈技巧等。

（二）从业者的实际操作能力

获得心理咨询师职业资格的从业者需要熟练掌握咨询方式及技巧，尤其在大型公共活动中，咨询师对操作能力的熟悉程度将直接影响应激事件的处理效果。其中包括：

（1）初诊接待：要求能按心理咨询原则完成对来访者的初次接待工作；能进

行摄入性谈话；能正确使用心理测验；能进行初诊资料的整理。

（2）初步诊断：要求能依据初诊资料，做出精神病和非精神病的判断；能依据所获得资料和心理评估结果判断来访者心理健康水平；能向上级咨询师提出诊断报告。

（3）咨询方案的制定：要求能把握心理咨询要解决的主要问题；能进行咨询失误的处理。

（4）咨询工作的实施（个体咨询）：要求能运用谈话法做心理疏导；能进行咨询效果的初步确定；能协助上级咨询师整理咨询案例。

（5）心理咨询的实施（团体咨询或小组咨询）：要求能在指导下见习团体咨询；能实施团体咨询；能进行见习咨询效果鉴别。

（6）心理测验：要求能进行智力测验（韦氏测验、瑞文测验、比奈西蒙测验）；人格测验（MMPI—2测验、16PF测验、EPQ测验、CPAI测验、UPI测验）；心理评定量表（SCL—90测验、SAS测验、SDS测验）。

（7）群体心理测验的实施：要求能在指导下进行团体心理测验。

（8）心理咨询的其他辅助工作：要能协助上级咨询师进行文档处理工作。

（三）从业者的从业道德要求

根据中国心理学会和中国心理卫生协会1993年颁布的《卫生系统心理咨询与心理治疗工作者条例》，提供心理服务的从业者必须同时遵守职业道德方面的守则，即：热爱本职工作，坚定为社会做奉献的信念，刻苦钻研专业知识，增强技能，提高自身素质，遵守国家法律法规，与来访者建立平等友好的咨询关系。具体包括以下八项主要内容：

（1）咨询师工作目的是使寻求专业服务者从其提供的专业服务中获益。咨询师应保障寻求专业服务者的权利，努力使其得到适当的服务并避免伤害。

（2）心理咨询师不得因来访者的性别、年龄、职业、民族、国籍、宗教信仰、价值观等任何方面的因素歧视来访者。

（3）心理咨询师在咨询关系建立之前，必须让来访者了解心理咨询工作的性质、特点，这一工作可能的局限以及来访者自身的权利和义务。

（4）心理咨询师在对来访者进行工作时，应与来访者对工作的重点进行讨论并达成一致意见，必要时（如采用某些疗法）应与来访者达成书面协议。

（5）心理咨询师与来访者之间不得产生和建立咨询以外的任何关系，尽量避免双重关系（尽量不与熟人、亲友、同事建立咨询关系），更不得利用来访者对咨询师的信任谋取私利，尤其不得对异性有非礼的言行。

(6) 当心理咨询师认为自己不适合对某个来访者进行咨询时，应向来访者作出明确的说明，并且应本着对来访者负责的态度将其介绍给另一位合适的心理咨询师或医师。

(7) 咨询师应公平、公正地对待自己的专业工作及其他人员。应采取谨慎的态度防止自己潜在的偏见、能力局限、技术的限制等导致的不适当行为。

(8) 心理咨询师始终严格遵守保密原则，具体措施如下：

心理咨询师有责任向来访者说明心理咨询工作者的保密原则，以及应用这一原则时的限度。在心理咨询工作中，一旦发现来访者有危害自身或他人的情况，必须采取必要的措施，防止意外事件发生(必要时应通知有关部门或家属)；或与其他心理咨询师进行磋商，但应将有关保密信息的暴露限制在最小范围之内。心理咨询工作中的有关信息，包括个案记录、测验资料、信件、录音、录像和其他资料，均属专业信息，应在严格保密的情况下进行保存，不得列入其他资料之中。心理咨询师只有在来访者同意的情况下才能对咨询过程进行录音、录像；在因专业需要进行案例讨论，或采用案例进行教学、科研、写作等工作时，应隐去那些可能会据以辨认出来访者的有关信息。

(四) 从业者的个体品质

心理咨询师就其职业性质而言需要具备一定的心理品质。考米尔(W. Cormier)认为，最为有效的心理咨询师是那些可以把人格因素和科学的理论、方法加以完美结合的人，换句话说，就是可以在人际关系上和咨询技术上寻求平衡的人。

《心理咨询师国家职业标准》对心理咨询师的职业能力特征做出了比较权威的要求，指出观察能力、理解能力、学习能力、思维判断能力、表达能力、人际沟通能力以及自我控制能力、自我心理平衡能力、交往控制能力对胜任该职业是非常重要的。

作为大型公共活动中提供心理咨询服务的从业者具备下列心理品质能更好地胜任心理咨询工作：

(1) 真诚、善良、热情、乐观、自信、坚忍、耐心、对人宽容、乐于助人、有强烈的责任感，尤其是要有探索社会、人生的浓厚兴趣。

这些心理品质不仅有助于从业者成为一个合格的心理咨询工作者，而且还将为他们从事这项工作提供持久的动力。因为即便将来从事心理咨询工作会有比较丰厚的物质回报，但它并不能充分地补偿从业者多年来艰苦的专业训练、肩负的重大责任、面临的各种复杂困境及其必须忍受的争斗，适当的补偿只有来自于职业本身内在的报偿。

(2) 良好的观察能力、理解能力、学习能力、思维判断能力、表达能力、人际沟通能力以及自我控制能力、自我心理平衡能力、交往控制能力。

(3) 强烈的自我意识。这主要表现在对自己个性心理品质、需要和兴趣、知识结构、专业技能、人生经验、人性观、价值观、职业道德水准、心理健康状况等，它们所受到的影响因素及它们对心理咨询工作可能产生的影响（尤其是消极的影响）等有着比较清醒、准确的认识。

(4) 保持心理健康。心理咨询作为一种比较特殊的助人工作，非常容易出现所谓的“枯竭”现象。因此，咨询师应当拥有：1. 现实可行的职业理想和咨询目标。在崇高理想或信念之下，咨询师要根据咨询工作的特点、自己的专业条件（包括知识、技能、经验、个性心理特征）、来访者的具体问题以及外部环境条件等建立现实可行的理想与目标，这样才能保持并感受到自己对工作的控制，形成一种工作的成就感。2. 良好的社会支持系统。在从事心理咨询和治疗工作中，同事和上级指导者不仅在信息反馈方面是重要的资源，在社会支持方面也同样发挥着作用，这包括无判断的倾听、技术上的支持、情感上的理解、知识的交流与共享、价值观的认同等。3. 丰富的生活方式。全面的、丰富的个人生活方式，仅仅留出个人的时间还不够，还必须在这些时间内从事有意义的、有所获得的活动，包括培养和发展人际关系，发展自己的兴趣爱好等。只有在个人生活和专业工作两个方面都是丰富的、全面发展的，才有助于保持心理健康，达到个人的自我实现。

二、心理咨询中的伦理守则

心理咨询是一项专业的助人工作，咨询师除了要具有良好的专业知识和技能外，还要必须遵守职业伦理。咨询师的伦理与道德就是一套咨询师从事心理咨询工作所应遵循的专业伦理或者职业道德体系，它不但赋予专业人员所需的自律与尊严，更可以在法律之外，为来访者的权益添加一份比法律更有效的保护（林家兴等，2003）。

心理咨询与治疗工作开展得很好的欧美国家对心理从业人员的行为规范都有明确的规定，参照美国心理学会、美国心理咨询协会制定的相关的伦理守则，在大型公共活动中提供心理咨询服务的咨询师应当遵守以下伦理守则：

(一) 基本原则

(1) 必须对其所服务之机构负责，除对所属机构提供最高水准之专业服务之外，其他有关活动也须与该机构的目标一致。

(2) 说明自己的专业资格时，务必确实，不得声称自己拥有超过其实质专业资格的能力，并有责任改正别人对其专业资格的错误认识。

(3) 对外界(如新闻界)提供来访者的信息时，有责任对来访者的姓名予以保密，并确定信息的内容客观正确。

(4) 只能接受其专业能力范围内的个案，并在咨询时严守自己资格的限制。

(5) 咨询师应与来访者建立良好的关系，并尊重来访者的意见；不得为满足个人之需求而牺牲来访者的利益。同时应特别注意种族歧视及性别刻板印象对咨询的负面影响。

(二) 咨访关系

(1) 无论采用何种(个别咨询或团体咨询)咨询方式，咨询师之首要任务在尊重来访者的尊严并增进其权益。在团体咨询过程中，咨询师有责任采取合理的预防措施，以避免个人在团体互动中受到伤害。

(2) 咨询师对咨询时所获得的任何信息，必须加以保密。在团体咨询中，关于团体成员的自我揭露，咨询员必须事先设定保密标准。

(3) 如果来访者曾事先与某咨询师有过咨询关系，咨询师须先征得先前咨询师的同意，始能与来访者建立咨询关系。如发现来访者在咨询关系开始后又与其他咨询师建立关系，则除非来访者自愿选择终止另一咨询关系，否则咨询师应主动终止其咨询关系。

(4) 如来访者的行为可能对自己或他人造成伤害时，咨询师必须采取行动或告知有关机构，并尽可能与其他专业人员磋商。紧急情况处理过后，应设法尽快让来访者对自己的行为负起责任。

(5) 咨询时的记录，包括笔录、测验资料、信函、录音带及其他文件等均属咨询的专业资料。除非法令条例有所规定，不得视为来访者服务机构的资料之一。只有在来访者同意之后，才能把资料提供给他人使用。

(6) 咨询记录用于咨询人员训练或学术研究之同时，记录内容必须加以改写，以保证来访者不被辨认出来。

(7) 在进入咨询关系之前或同时，咨询师必须告知来访者咨询的目的、技巧、程序上的规则及可能影响咨询关系的限制。

(8) 在进行团体咨询之前必须先筛选团体成员，尤其是团体的重点在通过自我揭露以促进个人的自我了解和自我成长时，咨询师必须有能力觉察团体成员相互的适应状况。

(9) 咨询师可以选择和其他专业人员参与个案讨论。在选择人选时，避免选择与个案有利害关系的人，以免妨碍来访者的利益，而不能得到充分的帮助。

(10) 如咨询师自认无法帮助来访者，因而不能开始咨询关系，已开始者应立即终止咨询关系。在此情况下咨询师应推荐适当的转介机构或人员，以供来访者选择。

(11) 咨询师与来访者之间有其他执行、督导与评估等关系存在时，则不可作为来访者的咨询员。只有在无从转介或来访者有理由请求其咨询时，咨询师才能与之建立咨询关系。

(12) 咨询师在进行治疗时，如使用任何实验性的方法，必须告知来访者，并应事先采取适当的安全预防措施。

(13) 咨询师参与短期的团体或训练方案时，必须确定在团体进行时或结束后均能提供专业性的帮助。

(14) 当咨询师的工作情境与上列规定有所差异时，咨询师有义务与其他专业人员商议，考虑可行的变通办法。

(15) 咨询师的实际工作环境如对上列规定之遵守有无法克服的困难，可提申请，有关专业机构可视其需要作适度变更。

(三) 测验与评估

(1) 咨询师必须在实施测验前向受试者说明测验的日期、内容及目的，在测验后向受试者解释测验的结果；测验结果应用适应与其他的相关资料合并考虑。

(2) 为某特定状况或来访者选择测验时，咨询师必须仔细考虑测验的信度、效度及适用性。

(3) 对社会大众陈述各种测验或测验结果时，咨询师必须给予正确的信息，避免因不当说明引起误解。

(4) 不同的测验需要不同的实施程序、计分与解释。咨询师必须了解自己能力的限制。只有在具备测验的实施、计分和解释能力时，才宜于实施测验。

(5) 标准化的测验必须在标准化的情境下施行始能奏效。当测验不是在标准的情境下实施，或测验时受试者有违规行为发生，都应予以注意，而且其测验结果应视为无效或存疑。没有监督或在不当的监督下实施标准化测验(如经由邮寄方式施测)是违反测验伦理的行为。惟性质上属于自行施测或自陈性的测验,如兴趣量表等,则可在没人监督下进行。

(6) 测验结果只有在受试者事先未曾做过该测验的条件下才能在人事、辅导和咨询的应用上发生功能。若测验材料事前曾经泄露,或受试者接受过训练,测验结果将失去其效用。因此,测验结果的保密是咨询师的专业义务之一。咨询师必须告诉受试者何种情况能够产生最佳的测验结果。

(7) 咨询师于施测前须先告知受试者测验的目的及结果的应用。咨询员要严守测验的限制,并不得过分夸张测验工具的效用。

(8) 受试者的权益及受试者事前对该测验有清楚的了解,是决定测验结果是否被受试者接受的标准。咨询师必须了解,测验结果的解释需要配合个人或团体的其他资料,才足够详细。测验资料的解释也需与受试者所关心的事有关。

(9) 咨询师对于含有无效资料的测验,在解释时务求慎重,必须清楚地向受试者说明使用该种测验工具的目的。

(10) 评估和解释少数民族及测验标准化常模总体以外的受试者时,更需加倍小心,以免造成错误。

(11) 咨询师必须留心已出版的测验的适用性、再版与修订情形。

(12) 关于测验的编制、修订、出版和发行事宜,咨询师应参考新近出版之有关资料。

(四) 研究与出版

(1) 以人为被试从事研究时,咨询师应严格遵守专业人员的伦理准则,以免被试者受到任何伤害。

(2) 订立有关人类行为的研究计划时,咨询师应了解并遵守研究之伦理准则,并依研究伦理准则来设计及执行研究计划。

(3) 研究计划之主持人,必须对执行研究时的伦理负完全责任,其他参与执行研究者,亦有义务遵守研究之伦理准则。

(4) 以人为实验对象时,研究者在实验过程中应确保被试者的权益,在事前应提醒被试者有心理准备以免实验引起心理上或生理上的任何的不良后果。

(5) 保留信息或提供错误信息除非是调查研究所必需,否则研究者应告知被试者研究的目的。如因事实需要必须在研究之前保密,研究者仍有责任在完成研究后,向被试者做正确的说明。

(6) 参与研究者必须是自愿的,只有在对被试者无伤害或基于调查研究之所需时,才能采用非自愿参与的被试。

(7) 发表研究结果时,研究者必须详细说明可能影响调查结果或资料解释的变项和情况。

(8) 咨询师在引用及报告结果时,应尽量避免用语言文字去误导结果。

(9) 咨询师有义务提供具备研究资格者有效的原始研究资料,以供其重复研究之用。

(10) 提供资料、协助他人研究、报告研究结果或引用原始资料时,研究者必须对被试者的身份保密,以免对其造成不良影响。

(11) 处理或报告研究结果时,咨询师必须熟悉与了解该项研究主题,说明该主题以前曾有过的研究,并注意前人研究的版权及对本研究结果有贡献者表示谢意。

(12) 研究报告中引用前人研究资料时,必须注明出处。对曾为本研究或出版物有过贡献者,应表示谢意。

(13) 咨询师必须与其他咨询师沟通具有专业或科学价值的研究结果,只要具有专业的或科学的价值,不应因抵触、保留既得利益而影响团体利益。

(14) 如果咨询师同意与他人合作研究或出版,应确实遵守研究或出版的时间、规定,并确保既得资料的完整性与准确性。

(15) 研究报告出版时,作者应遵守的伦理守则为:绝不一稿两投。此外,有必要在其他期刊发表已经发表过的手稿时,必须事先征得原出版者的同意。

(五) 咨询

(1) 身为咨询师,在咨询时必须持有高度的警觉心,了解自己的价值观、知识、技巧、需求与限制。咨询关系包含了个人和组织的改变,并着重于来访者所带来的有待解决的问题,而不企求纠正来访者本人。

(2) 对问题的界定、预期目标、采取策略以及可能结果等,咨询员与来访者双方都必须了解,并达成一致的协议。

(3) 咨询员必须确认,自己或所代表的机构是否有足够的资源和能力,提供现在所需及未来可能发展的帮助,而且也必须了解对咨询有用的适当的转介资源。

(4) 在咨询关系中的一切活动,必须有助于来访者自我实现的适应力与心理成长。咨询员必须保持角色的一致性,但不为来访者做决定,不使来访者过于依赖咨询员。

(5) 身为咨询师的咨询员，必须忠实信奉本会所订的伦理守则。

(6) 咨询员不得接受来访者私人的金钱报酬。咨询人员如系私人执业，可明订详细收费标准，让来访者自行决定是否接受咨询。

三、网络心理咨询伦理

网络心理咨询是咨询师与异地的来访者运用电脑在网络上沟通时所进行的心理咨询和信息提供等服务。目前应用比较多的网络心理咨询模式有 e-mail(包括同时或即时聊天)咨询、网络团体咨询和家庭治疗、网络支持团体以及网上心理健康信息资源等。

在大型公共活动中，大量工作人员需要在不同的岗位上执行任务，有时甚至可能产生地域之隔，因此网络心理咨询的使用率不断增高。

(一) 网络咨询的优越性和局限性

网络心理咨询能够打破地域局限，避免交通出行的麻烦，为来访者提供了一定的便捷。同时，网络沟通匿名性的特点使得网络沟通更直接、更放松，因此也特别适合于那些不善于坦露个人隐私或敏感性问题的来访者，使他们在咨询的时候更“放得开”。一些来访者尤其适合网络心理治疗，如探索个人成长和自我完善的来访者，酗酒的青少年，因为身体原因而自卑或有负罪感的来访者，以及患有广场恐怖症、焦虑障碍或社交恐怖症的来访者。

但不是所有的人都适合网络心理咨询。有些来访者必须要进行面询，例如有自杀或他杀念头的来访者，生命处于危险的来访者，有自杀、受虐或暴力倾向历史的来访者，出现幻觉的来访者以及有药物或酒精滥用的来访者，思维混乱的个体，边缘性人格障碍患者，需直接观察的来访者等都不适合网络心理治疗等。不仅咨询师本人要了解网络心理咨询的局限性，同时也要让来访者了解网络心理咨询的疗效、局限和风险。

(二) 网络心理咨询的伦理守则

1999 年 10 月美国心理咨询委员会(American Counseling Association，简称 ACA)专门制定了通过互联网开展心理咨询的有关规定。2000 年有关机构联合逐渐形成了较为统一的网络心理咨询职业伦理准则，主要涉及以下内容：

(1) 来访者身份确认的问题

网络沟通匿名性的特点使得网络沟通更直接、更放松，因此也特别适合于那些不善于表露个人隐私或敏感问题的来访者。但实际治疗中需要确认来访者的身份。其原因有两个，一是安全性的考虑。在治疗过程中治疗师有责任保护来访者不受到伤害，有时需要联系来访者的家属、医院等机构，所以他必须知道来访者真实的联系方式。另外，身份的确认可以避免双重关系，因为双重咨访关系会影响疗效。

网络心理咨询机构应以严格的认证方式限制其计算机使用者的身份与资格，使不具备心理咨询资格的人无法使用该台计算机或进入网络心理咨询的系统，比如可采用电子签名的方法来获取来访者的知情同意或者传输有关咨询师的认证信息等。

在可能的情况下应尽量为网络来访者提供面对面的咨询机会，这样既能够建立更真实的咨询关系，也能够对咨询师网络心理咨询的有效性进行检验。

(2) 网络心理咨询保密性的问题

加密是强有力的网络保密工具。让来访者知道如何保证其资料的安全，以及让他知道不应该在他人电脑上接受私密治疗，是很重要的。有关保密的另一个问题是，保密对咨询师来讲是必需的，但是对来访者来讲却没有相应的限制。咨询师的话可能出现在诉讼材料、出版物等任何地方。所以咨询师应当考虑与来访者讨论互相保密的问题。

(3) 来访者的知情同意权

网络心理咨询师应该公开一个有关知情同意政策和信息的网页，使来访者随时可以获得有关知情同意的信息。重要的知情同意大致包含如下内容：明确该网络咨询师服务的性质；承认网上治疗试验性的本质；公示咨询师的学位和执业资格；来访者需要提供身份和住址证明；警示保密性和私密性方面的局限和例外；提出提高安全性的建议；告知来访者咨询师回复邮件的期限以及来访者返回邮件的期限，同时来访者要知道一定的时限内得不到回复该如何处理；应该提供适当的政府、协会以及部门办公室的电话号码和地址，供来访者随时投诉未达到管理机构要求的心理服务。

(4) 网络咨询师应当接受的培训

网络咨询师职业伦理守则中还要求网络咨询师在独立从业前必须完成一定的培训和获得认证。首先要完成一定的基础知识的培训；其次，还要在督导和独立情形下进行若干小时的临床实践；最后还要通过认证考试。整个过程都是为了保证咨询师能够胜任网络咨询，为来访者提供最好的服务。

（三）网络心理咨询的实践标准

在实际网络心理咨询过程中，仍然会遇到许多操作性的伦理要求。参考1998年美国全国认证心理咨询师委员会（National Board for Certified Counselor，NBCC）制定的网络心理咨询的伦理实践标准。在大型公共活动的背景下，网络心理咨询师应当遵守以下12条：

（1）在实施网络咨询与督导时，应审阅现有的法律规定和伦理守则以避免违反。

（2）应告知网络来访者有关网络使用之安全措施，以确保来访者/心理咨询师/督导间沟通之安全性。

（3）应知会来访者有关每一次咨询之资料会被如何保存、保存多久的信息。

（4）网络心理咨询师或网络来访者不易确认对方身份时，应采取必要措施以避免冒名顶替的状况，比如使用暗语、数字或图形等以利辨识。

（5）当在网络上咨询未成年人时，父母/监护人的同意是有必要的，应对父母/监护人的身份加以确认。

（6）在与其他电子资源（网络机构）分享网络来访者的有关资料时，应遵循适当的资讯透露程序（因为在正式或非正式的转介过程中，网络上资料信息的传送极为方便，心理咨询师采取必要措施与程序以确保咨询资料的安全）。

（7）网络心理咨询师对网络来访者的自我揭露应谨慎，揭露应有适当程度（网络心理咨询师亦应有自我保护的概念）。

（8）应与适合的心理咨询师资格鉴定团体和执照委员会的网站有所连接，以保护消费者的权益（在主页上应作链接，以供网络来访者查询心理咨询师资格或提出服务不当或伦理的申诉之用，以确保来访者权益）。

（9）应联系心理咨询师委员会或者更大范围的委员会，以获得所在地中至少一位可联系到的咨询师的名字（心理咨询师应联系来访者邻近地区的心理咨询师，以取得其同意担任必要时来访者就近求援的对象，同时亦应提供给网络来访者其邻近地区危机处理电话热线的号码）。

（10）应与网络来访者讨论当网络心理咨询师不在线上时，如何联络。

（11）网络心理咨询师应在网站上提醒来访者何种问题是不适宜于使用网络咨询的（可能包括：性虐待、暴力关系、饮食失常及已有现实扭曲症状的精神疾病等）。

(12) 应对来访者解释由于网络技术的缘故而造成误差的可能性(比如双方所处的时区不同,因网络的传输而造成传送与回复资料的时间延迟等)。

(13) 应对来访者说明由于缺乏视觉信息,而造成网络心理咨询师或来访者彼此间产生误解。

四、跨文化背景下的心理咨询伦理

(一) 讨论跨文化心理咨询伦理的意义

随着心理学的进一步发展,人们逐渐认识到人类的行为受到文化的强烈影响,只有把文化与人类行为联系起来,才能真正揭示人类的本性。然而东西方文化差异显著,特别是在价值观方面,因为价值观是推动并指引一个人采取决定和行动的经济的、逻辑的、科学的、艺术的、道德的、美学的、宗教的原则、信念和标准,是一个人思想意识的核心。当它被社会大多数人所承认和利用时,就变成了社会规范。从这个定义可以明显看出,一个人的价值观、一个社会的社会规范都与其文化背景有着极为深刻的关系。东西方文化差异不言而喻,就中国本身而言,各民族的语言、习俗和宗教也存在着很大的差异。文化,无论从横的还是从纵的方面来讲,更多地反映了人们心理的深层结构。因为文化深深影响到个人的价值观,影响到价值判断,从而也影响到人的态度和行为。

心理咨询这一人际互动过程可看作是合作双方价值观的碰撞、交流、交换,即咨询会谈中,咨询师不可避免地要表明自己的观点、态度、立场,这无疑会影响到来访者,并且咨询师的权威越高,产生的影响会越大。显然无论咨询师是有意还是无意,价值干预都是必然要发生的。一个人的价值观属于个性倾向性的内容。与伦理学不同,心理学只研究个体价值观的形成过程、价值观在个性结构中的地位和功能,不研究价值观的具体内容及其正确性。因此,在心理咨询与治疗过程中,价值干预不可避免。

(二) 跨文化背景下的价值干预伦理

当心理咨询设计价值干预时,应着重于功能干预而不是内容干预。同时应当加强对咨询师自身价值观的自觉意识和职业道德。

(1) 功能干预就是在涉及价值问题时,以对价值进行功能分析为主要话题,即帮助来访者澄清其价值追求,让来访者意识到自己有什么样的价值观;帮助来访者认识其价值观之间是否存在矛盾,必要时引导来访者(而不是代替他)进行价值选择;让来访者认识其价值观与行为和情感(乃至心理问题症状)间的联系,领悟前后者之间的矛盾及其后果，做出相应的改变选择等等。在做这些工作时，应尽可能地避免价值说教，即不要向来访者宣讲人应该有什么样的价值观，也不对来访者的价值观作好、坏和正、误判断。有时候，引入外在价值观是必要的，也是允许的。但这种引入的目的在于扩大来访者的视野，使其认识到多种价值选择的可能性，而不应存有直接地或暗示性地强迫其接受某种价值的企图。显然，这一点正是心理咨询不同于思想政治工作的关键之处。

(2) 着重于功能干预而非内容干预是由心理咨询“助人自助”这一目标决定的。成功的咨询师不仅能帮助来访者克服当前的心理困难，而且能使其自立、自强、自信、自尊，在以后的工作、生活中遇到障碍，能自己独立解决，而不是依赖咨询师，如同“授之以渔”，而不仅仅“授之以鱼”。反之，若咨询中着重于内容干预，那就不但违背了心理咨询的本质、目的、原则，还使其混同于思想政治工作，十分不可取。

(3) 咨询师应当对各种各样的情景和观点能产生出相应的反应，应对多种世界观都能理解，能对来访者负责，为其保守私人秘密，能认识到自己的能力界限，与其他咨询师共同讨论有关理论、概念和个人工作，能认识到自己的反应会怎样影响到来访者，而来访者的反应又会怎样影响咨询师，并尊重来访者、坦诚相待，能积极地考察自己和自己的世界观，不断掌握新的理论，系统地发展自己独特的咨询理论。

第二节　辅助性心理服务

一、辅助性心理服务范围

(一) 人力资源管理中的心理学服务

心理学服务从业者可以从人力资源管理领域中的人员招聘与配置、人员培训开发与实施、绩效管理与考评、薪酬管理，以及组织沟通与冲突管理中使用心理学理论。同时增强及改善人员沟通能力，为员工的心理保健提供保障。在大型公共活动中，市场设计跨文化下的人力资源管理。随着全球化的推进，心理学在处理文化冲突与融合问题中的应用也日益得到重视。

站在人本主义心理学的视角，以员工为本的人力资源管理还包括为员工提供职业生涯的咨询，缓解员工工作压力及各类情绪问题，改善工作情绪、提高工作积极性、增强员工自信心、有效处理同事/客户关系、迅速适应新的环境、克服不良嗜好等，使活动主办方在节省招聘费用、节省培训开支、减少错误解聘、提高组织的公众形象、改善组织气氛、提高员工士气、改进生产管理等方面有所收益。

(二) 工程建设中的心理学服务

工程心理学是以人—机—环境系统为对象，研究系统中人的行为，以及人与机器和环境的相互作用。它的目的是使工程技术设计与人的身心特点相匹配，从而提高系统效率、保障人机安全，并使人在系统中能够有效而舒适地工作。

心理学研究可以在以下三个方面为工程决策提供辅助性服务：

(1) 操作研究。随着技术水平的提高，对操作的研究也在变化。从机械工程过渡到自动化生产后，人远离被操纵的对象，监控成为人的主要操作方式。今后这方面的问题将变得更为重要，并成为综合性的研究课题。它包括新型仪表的设计、人员的特殊训练和选拔以及工作制度安排等

(2) 人机系统。当前的趋势是把人机系统扩大为人－机－环境－社会这样更全面的系统。随着电子计算机的普及应用，人与计算机的交互作用将成为工程中的热点问题。

(3) 提高工作生活质量。工作环境是否适合于保证人的安全、健康和舒适，并保证生产的高效率，越来越受到人们普遍的关心。随着生活水平的普遍提高，人们不仅要求工作环境能适合生理上的需要，而且日益重视工作者心理上的需要。重视工作内容的丰富化和扩大化，减少简单、重复的劳动，提高工作本身对人的意义，增加工作者的满意度等。

(三) 公共安全中的心理学服务

突发公共安全事件会对国家安全、人民的生命财产和身心健康产生巨大的影响。目前有关突发公共安全事件的研究焦点主要集中在突发公共安全事件的预警及应激系统上。然而，危机不仅来源于事件本身，更来源于公众对事件的接受、解释与反应。

任何突发公共安全事件一定会影响到公众的心理，而公众的心理行为反过来又会对事件的发展演变产生巨大的影响。在危机发生时期，相关部门尤其需要了解突发事件中的公众心理，并通过科学地发布风险信息来减轻和化解社会心理压力，同时引导公众正确地认知风险。在应急事件处理，群体事件处理，公共安全检测，公安人员培训与心理疏导中可以采用心理学的知识及运用。

二、辅助性心理服务从业者的资质

(一) 相关领域专业资质

辅助性心理服务均涉及相关专业领域，其专业性不言而喻。因此只有具备专业性才能保证服务的系统性、全面性和规范性。

人力资源管理师为国家人力资源及社会保障部所签发的专业资质，获取人力资源管理师证书应当具有四个方面的能力：

(1) 学历水平应达到硕士以上，要了解国际上大公司的人力资源是怎么发展过来的。

(2) 作为人力资源管理师，应当具备新的思路、新的创造力，要不断地为高层提供战略性的意见。

(3) 作为人力资源管理师，既然知道某个问题很重要，就要通过直接或间接沟通将自己的影响传递出去。

(4) 人力资源管理师应当能够生动、准确地将自己的思想、研究成果表达出来。优秀的人力资源管理者除了是一位人事管理专家，还应熟悉组织或企业人事管理程序、了解政府有关法规政策。

工程建设类及公共安全类心理服务从业者应当具备工程心理学或公安心理学专业学位；拥有相关研究经历或成果；曾在大型公共活动中参与或见习心理服务项目；拥有处理突发事件经验。

(二) 从业者的个人品质

当为大型公共活动提供各类辅助心理咨询服务的从业者具备以上专业资质，拥有下列个人品质将能更好地提供相关服务：

(1) 大局观及团队意识。辅助性心理服务从业者一般加入原有团队工作，说话处事必须胸中有大局、心中有他人，同时应该善于聆听、善于沟通，善于听取不同意见，心胸豁达开阔，有协作意识和团结精神。

(2) 业务敏锐性。辅助性心理服务从业者必须具备足够的业务敏锐性，进而成为组织方的战略伙伴。从业者应当依靠大量的业务知识，深入了解具体工作特点，能够站在各方及外部利益相关者的立场，理解和把握工作特性，开拓工作方向。

(3) 可靠的个人信用。辅助性心理服务从业者应当具备良好的个人信用，从而获得组织方及合作人员的信赖。这要求从业者既要有优秀的工作经验及表现，还要有良好的人际关系相处能力，能跟各类人员有效沟通。

(4) 理解尊重他人。任何从业者就像一滴水汇入大海一样，任何人都需要尊重周围的同伴，以亲近平等的态度对待集体中的任何人。辅助性心理服务从业者应该尊重组织尊重同伴，尊重服务对象的人格，尊重服务对象的隐私权。

三、辅助性心理服务从业者的伦理守则

(一) 辅助原则

辅助性心理服务作为技术支持需要保持在辅助过程中强调非指导性，不判断、不指导、不主动，让决策者自主决定。从业者不能把自己的价值观强加给服务对象，也不能替服务对象下决定。

(二) 价值中立原则

价值中立原则就是要采取实事求是的态度，对客观事实不能歪曲和臆测。要客观地了解关于问题的全面资料和对这些资料进行分析后所得出的结论，而无论这些资料和结论是否与自己、他人或者社会的价值观念相冲突、相对立。从业者必须经历一个“融进去”再“跳出来”的过程，即先和主体打成一片，再从主体中的一员的角色转换为辅助从业者的角色，必须保持价值中立、价值无涉。无论服务所能提供的结果对他人或事是否有利，都不能将自己的价值观念强加于资料。做到价值中立需要：

(1) 对所研究事物的背景要有一定了解，观察中要保持客观、实事求是的态度，不带偏见。

(2) 要善于分析研究结果，分清表象和实质，不要被假象迷惑。

(3) 要具有高度的注意力、忍耐力和认真吃苦的精神。

(三) 保密原则

参照心理咨询的保密原则，当辅助性心理服务中涉及隐私、知识产权或国家安全问题时，同样需要遵守保密原则。具体内容可包含以下四个方面：

(1) 在提供的心理服务中的专业信息，在未得到有关部门的同意下，应在严格保密的情况下进行保存，不得列入其他资料之中。

(2) 当辅助性心理服务涉及研究内容，从业者只有在有关部门的同意情况下才能与他人合作研究或出版，应确实遵守研究或出版的时间、规定，并确保既得资料的完整性与准确性。

(3) 当辅助性心理服务涉及研究内容，当研究报告出版时，作者应遵守的伦

理守则为：绝不一稿两投。此外，有必要在其他期刊发表已经发表过的手稿时，必须事先征得有关部门的同意。

（4）当辅助性心理服务涉及国家机密或项目机密，自觉遵守保密的有关规定，提高防范意识，坚持在对外交往中坚持内外有别。

参考文献

[1] 陈林. 心理咨询中的伦理问题. 四川心理科学. 2003，(2)：29—31.

[2] 梁哲、许洁虹、李纾、孙彦、刘长江、叶先宝. 突发公共安全事件的风险沟通难题——从心理学角度的观察. 自然灾害学报，2008，17(2)：25—30.

[3] 伊丽莎白・雷诺兹・维尔福著. 心理咨询与治疗伦理. 侯志瑾等译. 世界图书出版公司，2010.

[4] 吴岚、张大均、余林. 试论网络心理咨询中的伦理问题及其应对策略. 西南师范大学学报(人文社会科学版)，2006，32(4)：70—72.

[5] 赵静波、季建林. 美国心理治疗和咨询的伦理学规范及其管理. 中国心理卫生杂志，2003，17(4).

[6] 赵静波、季建林. 心理治疗和咨询中的伦理问题和原则. 中国医学伦理学，2006，19(2)：94—96.

[7] 赵静波、季建林. 心理咨询和心理治疗的伦理学问题. 复旦大学出版社，2006.

[8] 美国网络心理咨询伦理守则. http://www.51psy.net/html/psybook/html/2558.html.

第二篇

实践篇

第五章

“增爱世博”心理服务项目的缘起

第一节　上海世博会心理服务项目缘起

一、上海世博会心理服务项目的背景

2010年上海世博会，参与筹备与服务的工作人员和志愿者人数众多，他们工作强度高、时间跨度长，面临着巨大的压力，需要心理方面的支援，但是最初世博会项目没有完整设立心理服务项目。面对这样的窘境，增爱基金会和复旦心理研究中心共同商定后向世博局主动请缨设立并承担世博心理服务项目，经过世博局同意，又联合上海市心理咨询行业协会一起设立了“增爱世博，放飞心灵”心理服务项目。

在上海世博会设立心理志愿者项目，首先来自世博局对于心理咨询重要性认识的深化。世博会事务协调局工会副主任、机关工会主席邱水平感触最深，作为心理咨询室在世博局的行政总负责，邱水平对于心理咨询重要性的认识缘于一次医疗咨询。2009年下半年，为了让忙于世博筹备的工作人员重视自身健康，世博局工会组织了一次医疗咨询，地点就设在世博局10号楼，当时很多专家名医为世博局员工进行了全方位的医疗咨询。让邱水平意外的是，心理咨询科室的门口排起了长队，排队的人以年轻人为主。此时，邱水平主任意识到，世博工作者非常需要心理的呵护[1]。

秉持“增爱上海、增爱中国、增爱世界”的理念，增爱基金会积极推动了心理志愿者项目启动。增爱基金会理事长胡锦星认为，如今不少社会公益活动把关注重点放在物质层面，比如救灾、送医、助残、扶贫等等，这确实非常必要。但也应该看到，随着经济转型，以及社会发展，人们面临越来越大的工作和生活的压力，由压力带来的心理问题也越来越多，这种状况不仅会影响个人，还会对整个

社会和谐健康的发展产生长期的影响。因此，特定人群在精神层面的需求应该给予更多的关注。他进一步指出，世博会需要与之相匹配的高规格心理志愿队伍。社会上持有二级心理咨询师证书的人有心服务社会，但是信息缺乏，渠道并不畅通，同时专门的心理咨询机构有经济利益上的诉求，高校心理咨询方面的专家，可能更多着眼于研究教学领域。基于上述因素考虑，这次上海世博会心理服务项目在政府的支持下，由增爱基金会主办、复旦大学联合上海各大院校和科研机构承办、心理咨询行业协会协办，整合了政府、社会、科研机构专家学者以及第一线的实践者力量，充分调动了各个方面服务世博的积极性，走出了一条新路[2]。

在上海世博会正式开幕前夕，由上海增爱基金会出资主办、复旦大学心理研究中心承办、市心理咨询行业协会协办的“增爱世博”心理咨询志愿者项目于4月29日正式举行了启用仪式。上海增爱基金会为上海世博会无偿提供人民币50万元的经费，用于组织世博会心理辅导团队，世博会工作人员和志愿者的心理健康辅导与培训，以及在世博行政中心建立“世博增爱心理咨询室”。由上海世博局提供场地，心理专家和咨询志愿者团队在运营期间为工作人员和志愿者提供心理咨询、压力缓解等方面的服务[3][4]。

二、“增爱世博”心理服务项目是一种外部的EAP

从内容和形式来看，世博心理服务项目都是一种EAP。EAP也称为员工帮助计划，它是指由组织为员工提供的系统而长期的援助与福利项目，帮助员工及其亲属解决内在心理和外在行为问题，从而提高员工与组织绩效。EAP重点不在治疗而在预防，在于及时鉴别和改变压力来源，减少危险因素。它不仅创造有利于个人身心状态最佳发展的工作环境，还重视提高员工应对危机的能力，引导他们学习应对技能，学会应用个人的力量和资源。EAP主要提供四类核心服务，如表所示：

表5-1 EAP主要内容

测评诊断	宣传教育	个人咨询	团体培训
人格特点 心理压力 心理症状 资源潜能	便携手册 宣传报栏 网上论坛 专家答疑	个人咨询 评估访谈 个人转介 家庭转介	压力管理 情绪管理 人际沟通 亲子关系

按照服务主体来区分，EAP可分为：以管理为基础的内部EAP模式、以契

约为基础的外部模式、以专业化和灵活性相结合的内/外部联合 EAP 模式。外部 EAP 主要是指组织从外部机构获取 EAP 服务的过程。外部 EAP 服务一般是通过购买获得，服务人员具有良好的心理咨询的专业素养，但是他们并不是组织内部成员。与内部模式和内/外部联合 EAP 模式相比较，外部 EAP 具有明显的优势。首先，组织只需要支付一定的费用就可以获取 EAP 服务，在此过程中，组织可以采用招投标的方式，既节约了营运成本，又能获得最优化的 EAP 服务。再者，外部 EAP 服务工作人员与服务的对象组织的内部人员在服务开展之前并没有紧密的关系，在开展 EAP 服务工作时就能更好地保护个人隐私[5]。

世博心理服务项目是一种外部的 EAP。世博心理服务项目由增爱基金会出资主办、复旦大学组织承办，心理咨询行业协会从众多报名者中经过了专业化的严格筛选，选出了合格的心理服务志愿者，他们有的是具有丰富工作经验的社会人员，有的是在校的心理学专业研究生，他们都具有进行心理服务所具有的专业知识和技能。世博期间，他们与世博志愿者们工作在一起，生活在一起，与他们直接地沟通和联系，熟悉并了解他们的工作和生活，为他们提供测评诊断、宣传教育、个人咨询和团体培训等等，进行了卓有成效的工作，维护了世博志愿者们的心理健康，为世博会的成功举行做出了贡献。

三、“增爱世博”心理服务项目内容及其特色

自志愿者心理服务这一理念构思开始，复旦心理研究中心的专家在孙时进教授带领下，就着力对志愿者心理服务的内容和流程进行设计。项目启动以后，心理服务专家指导团队会同增爱基金会积极地与志愿者服务组织单位进行沟通，对项目内容进行了进一步充实和完善，使该项目具有更强的针对性和可行性。

（一）项目内容

本项目由复旦大学心理研究中心承办，中心主要负责世博心理咨询志愿者前期的甄选聘用和专业培训，服务开展期间专业技术和伦理方面的督导、专家团队的组成、心理健康手册的编撰，以及所有案例的整理、分析汇总，并在后期形成专门的报告。具体来说，该项目的主要内容包括四个方面：

1. 在世博会召开之前和召开期间，组织上海心理健康和咨询界的专家，就压力缓解与管理、人际关系、婚姻家庭问题、亲子教育、身心健康以及职业生涯发展规划等方面举办一系列讲座；

2. 在世博事务协调局内设立专门的心理咨询室，为前来咨询的世博工作人

员和部分志愿者提供免费的心理咨询服务。服务内容包括心理咨询、简单的心理测评、生物反馈治疗及一些放松身心的训练；

3. 编制《心理健康手册》，发放到每位世博工作人员和管理人员手中，通过普及知识、介绍分析贴近现实的案例、培养世博工作人员健康积极的工作态度，应对处置自己或同事遇到的日常心理问题；

4. 负责整个项目的专业技术的指挥、策划、督导等。

（二）项目特色

由于本项目以世博会这样一个国际性的盛会为服务对象，其在诸如慈善运作、资源整合等方面的开创性，使得本项目特色突出，经验值得借鉴。其特色主要体现在：

1. 慈善事业从一次性的捐物、捐钱，转向更为定向、偏重关注特定人群内心的服务，这无疑是对慈善观念发展的一次引领，也必将吸引更多有责任心的企业和个人投入到这项事业中来。

2. 第一次把政府、高校科研机构、社会慈善、行业协会以及专业学生等诸方面的资源、人力整合在一个项目之下，以世博会这样大型公共事务的举办为契机，为心理服务在未来如何更好地服务于大众，改善和提高人们的心理健康进行了一次颇为有益的探索。

3. 普及心理健康的知识，唤起民众关注内心和谐及心理保健的理念，尤其是在经济、社会高度发展的当今中国，更有必要将这方面的问题提到议事日程上来。

（三）团队介绍

为了成功实施世博会心理服务项目，复旦大学心理研究中心有效地动员起了上海市心理咨询行业资源，组织了高效的专家团队，并成功招募心理服务志愿者，形成一支强大的服务力量。

该项目的专家团队主要来自于上海各大著名高校、专业机构和行业协会的专家、教授共计12名。他们是孙时进、吴国宏、梁宁建、赵旭东、张海音、袁军、傅安球、高慧芬、王裕如、张海燕、贺岭峰、王金丽。

心理咨询志愿者主要由60名社会志愿者组成。其中30名心理学专业学生，30名来自于上海社会上的第一线的心理咨询师，他们都有较好的社会经济地位，政治上可靠、专业上过硬、身体健康，至少获得国家二级心理咨询师的资质，平时在心理咨询机构、学校或机关下属的专门机构，专职或兼职从事心理咨询工作，有着丰富的实践经验。经过专家面试，世博局严格审查批准后正式录用。

30名来自华东师范大学心理学系的研究生和本科生。其中有部分同学也拥有心理咨询师的资质，暂时没有获得证书的同学也都是心理学专业的同学，将主要从事一些心理测量、案例记录编档的工作，作为助手配合心理咨询师的日常工作。

在具体运作方面，根据项目设计，心理咨询志愿者在6个月内分为12个小组，每2个小组服务1个月，每个月都有专家组专家负责值班，负责项目包括心理咨询、心理培训等。

第二节　中国慈善事业与增爱基金会

一、中国慈善事业的发展

说到慈善，我们可能就会想起盖茨和巴菲特的“裸捐”，陈光标的“暴力慈善”，以及李连杰的壹基金等等，但是，可能我们更不会忘记在2008年汶川大地震现场，众多志愿者们舍生忘死、忙忙碌碌的身影。慈善，这个词语对我们来说变得越来越熟悉，越来越亲切。那么，怎样定义慈善事业？慈善事业在中国走过了怎样的历程？慈善事业将来发展的方向是什么，等等。让我们走近慈善事业，去揭开心中的困惑。

（一）慈善事业及其作用

慈善事业是在政府扶持和帮助下，由民间团体和个人自愿组织与开展的，对社会上遇到灾难或不幸的人，实施救助并不求回报的社会公益事业。

慈善事业的作用，概括地说就是调节利益分配、缓解社会矛盾、促进社会公平、增进社会和谐、促进社会主义精神文明建设、提高公民社会责任意识、营造良好社会风气、增强民族凝聚力。

慈善事业的具体作用主要体现在两个方面：

1. 对社会利益进行再分配，促进社会公平

慈善被认为是社会资源的“第三次分配”，它是新的社会保障体系的有效补充。政府根据法律规定，将收入的一部分以税收的方式征收起来，用于对社会贫弱群体实行社会保障和社会福利制度。同时，也可以合理合法地将收入的一部分捐给民间慈善机构，让他们对社会贫弱群体施以援手。

2. 宣扬乐善好施的精神，维护社会文化价值

中国素有礼仪之邦的美誉，中国人崇尚道德，重视“仁爱”，认为德莫大于仁，莫大于善。通过慷慨捐助，扶弱济贫的慈善活动，可以宏扬尊老爱幼、孝慈为怀、邻里相帮、济人危难、助人为乐等中华民族优秀的道德品质，促进社会主义核心价值观的建立。

(二) 中国慈善事业发展

慈善的思想在中国可谓源远流长，非常丰富。比如，儒家的“仁爱”、佛教的“慈悲”、道教的“积德”、墨家的“兼爱”等等，蕴含着救人济世、福利为民理念和道德准则。同时，慈善活动在中国自古以来从没间断。早在二千多年前的春秋战国时期，在救灾减害方面就有了平籴和通籴制度。汉代开始大规模兴建“常平仓”，魏晋南北朝时期，在养老恤孤方面，在建康专门设立了赡恤孤老的机构，叫作独孤园。隋唐建立了集赈恤、收养贫困者和废疾老人于一体的慈善机构——悲田养病坊。宋朝政府相继设置了福田院、居养院、安济坊、漏泽园和慈幼局等慈善机构，另外在宋代还出现了像临安慈幼局和建康慈幼庄那样的慈幼机构。而民间有了义庄，还设置义学、义塾资助本族贫寒弟子入塾习业，对学习优秀和获得功名者给予奖励。到了明清时期，官方建立了养济院用于抚恤孤老。另外还设立一些恤病助丧慈善机构，这类机构主要有惠民药局、漏泽园等。明清时期的民间慈善团体和机构主要有普济堂、会馆、义庄及各种善堂善会。

到了近代，在民国时期慈善事业开始向制度化、法制化转变。政府设置了专门的慈善机构来管理慈善救济，并制定了相关制度。同时还制定了一系列有关民间慈善团体的法规。抗战胜利后，面对战争留下的千疮百孔，国民政府成立行政院善后救济总署，接受联合国善后救济总署无偿提供的各类食品、棉花、运输器材等物质援助，以重建和平家园。

新中国建立以后，特别是十一届三中全会后，改革开放的全面展开和经济的快速发展，使慈善事业的复兴具备了条件。以1981年中国儿童少年基金会成立为起点，内地的慈善事业逐步走向了复兴，正向法制化、专业化、普及化的方向向前迈进[6]。

(三) 当前中国慈善事业及未来的发展

在政府的扶持和帮助下，近几年来，中国慈善事业得到了长足的发展，在和谐社会建设中发挥着越来越大的作用。主要体现在以下几个方面：

1. 加大慈善理论研究与宣传普及工作的力度。今年来，专门的慈善研究机

构和研究队伍不断成长，它们开展了对慈善事业的地位、作用、发展规律、推进措施等重大问题的研究。同时，慈善的表彰和宣传活动开展得有声有色，各地创建了形式多样的慈善日、慈善活动周等平台，举办了大量慈善活动，普及了慈善文化，扩大了慈善的社会影响与人们的参与度。

2. 慈善事业的服务和管理机制进一步完善，从中央到地方逐步建立起了促进慈善事业发展的职能部门，各级慈善事业管理力量不断加强。同时，各地优化流程，采取积极措施，提升对慈善事业发展的服务与管理质量，比如建设公益慈善组织孵化器、推进公益慈善组织信息公开、加强资金支持和项目扶持、创新慈善募捐载体等。

3. 公益慈善组织快速发展，社会捐助不断攀升。2006 年社会捐赠总额首次突破 100 亿元，2010 年达到 700 多亿元，对困难群体的帮扶力度不断加大。截至 2010 年底，基金会数量从 975 个增加到 2168 个，许多社会组织将公益慈善作为其服务宗旨。

4. 志愿服务活动广泛开展。截至 2010 年底，全国累计已有 17 个省(自治区、直辖市)和 7 个副省级城市相继颁布实施了志愿服务地方性法规；志愿服务组织大量涌现，队伍不断壮大。在 2008 年，我国志愿者人数超过 1 亿人，服务时间约 20 亿小时。

在民政部 2011 年 7 月发布的《中国慈善事业发展指导纲要》(2011—2015 年)。在《纲要》中，确定了加快发展慈善事业重点的六项任务，即建立完善慈善事业法规政策体系、促进慈善组织发展、加强慈善人才和志愿者队伍建设、不断拓展慈善资源、建立完善慈善事业监管体系、加强慈善文化建设。《纲要》指出：“改变过多依赖政府动员慈善资源的做法，发挥公益慈善组织运作的主体作用，引导公益慈善组织公平、有序竞争。依靠科学的慈善规划与专业设计，提出符合社会需求的项目，更好地发挥公益慈善组织的作用。”“大力支持志愿者队伍建设，引导学校、机关、企业与公益慈善组织合作，鼓励各界人士参与社区和各领域的公益活动，促进志愿服务经常化、普遍化。健全志愿者权益保障制度，建立和完善志愿者的注册管理、教育培训、时间积累、绩效评估、奖励表彰等相关制度，推动志愿服务广泛、深入、持久开展，满足社会各方面的需求。”这些论述为中国慈善慈善事业，以及慈善志愿者队伍的发展壮大指明了方向[7]。

二、增爱基金会的创新慈善

增爱基金会是我国慈善事业的重要力量，自 2008 年成立以来，该基金会在

"增爱上海、增爱中国、增爱世界"理念的指引下，在慈善创新方面做了大量的工作，进行了卓有成效的探索。

（一）增爱基金会简介

上海增爱基金会成立于2008年，是由上海市民政局主管的，在上海市社会团体管理局注册登记的非公募基金会。该基金会致力于推进社会慈善事业健康发展，竭力构架和传播慈善价值观，并以新颖务实的社会公益活动为载体，通过现代有效多样的金融工具和科学高效的基金管理手段，创新性地构筑社会和谐和公平的基金社团组织。该基金会的官方网站发布了基金会的使命、宗旨和服务范围。该基金会的使命是"增爱上海、增爱中国、增爱世界"，紧紧围绕和谐社会的主题，携手全球范围内具有高度公益意识和奉献精神的兄弟姐妹，为追求社会公平和增加民众福祉奉献一份力量。该基金会的宗旨是开展和推动以民间组织为主体的社会公益事业及各类相关活动；广泛动员社会各界力量捐资赠物，为发展社会慈善事业、宣传慈善文化、增强公民意识、充分运用社会可用资源来造福社会，为构建社会主义和谐社会做出努力。该基金会主要的服务范围包括：

1. 宣传慈善文化，促进社会公益事业的健康发展；

2. 关注弱势群体，扶助贫困地区，以推动教育、卫生的均衡发展；资助环保、文化、养老及其他相关公益事业；

3. 深入社区，积极参与并推动民间公益事业及构建和谐社会的各类社会活动；

4. 充分利用基金会的资源，为社会公众（包括青少年）提供有关心理咨询领域的善举服务，传播个性完善、人格健全、精神健康的理念。

（二）"增爱世博"心理服务项目是慈善事业的重要创新

"增爱世博"心理服务项目不仅是上海世博会的创举，也是国内乃至全球首次在大型活动中引入心理咨询服务。该项目是世博会心理咨询第一次把高校、机构、行业协会以及专业学生等诸方面的资源、人力整合在一个项目之下，为心理服务在未来如何更好地服务于人群，改善和提高人们的心理健康进行的一次有益尝试。从慈善事业发展来说，心理服务形式的捐赠也开创了一种崭新的爱心捐助模式。在增爱基金会理事长胡锦星看来，慈善事业从一次性的捐物、捐钱，转向更为定向、偏重关注特定人群内心的服务，这无疑引领了慈善观念的发展，也必将吸引更多有责任心的企业和个人投入到这项事业中来，从而弘扬慈善文化，培养公民精神，促进社会和谐发展。

增爱基金会从2008年成立伊始，就非常关注国民的心灵建设，积极探索提升国家的软实力的新途径。在2008年汶川大地震之后，增爱基金会第一时间启动了“我要爱——心理援助行动”。在该基金会和其他社会单位的经费支持下，来自北京回龙观医院心理危机干预中心、台湾心理干预专家团以及北京大学等机构的专家，对近千名符合志愿者入选标准的学员进行了心理干预理论和技术培训；中科院心理所先后派出16批专家和志愿者总计185人次，救助人群达4.5万余人，涵盖灾民、部队官兵、公安干警、医护、政府救援人员、志愿者等，向遭受地震影响的当地群众赠送仪器24台，发送心理危机干预科普知识宣传单10万份；培训灾区心理援助志愿者1000余人，对受灾人群实施了27次团体干预，对6200多人次进行了个体干预，包括创伤严重个体。由于心理援助行动在抗震救灾工作中的突出表现，全国人大常委会副委员长、中科院院长路甬祥同志和全国人大副委员长周铁农同志等国家领导人在亲切接见开展心理援助工作的同志们时，对他们的心理援助工作给予了充分肯定和高度评价[8]。在2011年福布斯慈善排行榜上，上海增爱基金会在二千多家机构中脱颖而出，名列24位。

表5-2列出了上海增爱基金会成立以来支持并参与的主要心理救助和心理服务的活动

表5-2 上海增爱基金会支持并参与的心理援助和心理服务项目一览

时间	项目名称
2011年8月	“中国首届心理健康与和谐社会论坛”
2010年12月	上海高校第18届心理年会
2010年9月	复旦儿童发展障碍治疗和教育项目
2010年8月	“让爱心传递微笑”
2010年7有	市高校青年教师心理课程项目
2010年6月	中学生公民意识项目
2010年4月	“增爱世博”心理服务项目
2009年6月	以“我的未来我做主，祖国的未来我们做主”为主题的“增爱杯”上海市中学生公民意识系列活动举行
2008年6月	向四川大地震灾区少年儿童提供心理援助
2008年5月	“增爱世博心理咨询服务项目”

参考文献

[1] 世博首创员工心理咨询为“小白菜”缓解压力. http://expo2010. ifeng. com/dongtai/detail_2010_08/27/2339760_0. shtml.

[2] 彭德倩. “增爱世博，放飞心灵”——专访上海增爱基金会理事长胡锦星. 解放日报，2010 -07 - 30.

[3] 吴宇（记者）. 上海世博会启动所有工作人员心理健康辅导和培训. 新华社上海3月5日电.

[4] 朱砂. 为世博撑起“心灵遮阳伞”.《新民晚报》，2009 - 6 - 30.

[5] EAP. http://baike. baidu. com/view/405760. htm.

[6] 慈善事业. http://baike. baidu. com/view/132164. htm.

[7] 民政部就《中国慈善事业发展指导纲要》征求意见. http://news. sohu. com/20110708/n312821164. shtml.

[8] 上海增爱基金会官方网站. http://www. morelove. org. cn/.

第六章
“增爱世博”心理服务项目的实施方案

“增爱世博”心理服务项目是由“上海增爱基金会”出资人民币 50 万元，在上海市世博事务协调局的直接领导下开展的志愿者项目，旨在 2010 年世博会开始前一个月到整个世博会举办期间，对世博事务协调局下属的全体工作人员进行心理服务。之所以要在世博会这样持续时间长，且规模大的活动中增加心理服务的项目，既有前面章节所述的理论上的支持，也有以往举行类似大型活动的经验和教训。要想成功举办这样的超大型公共活动，除了在经费、资源、场馆建设、管理上下功夫之外，更是离不开对人的重视和协调。本项目从 2010 年初开始策划，于当年第一季度形成一支专家团队。同时，依托这支专家团队对咨询师志愿者进行了遴选，之后也对咨询师进行了组织和培训。并根据心理咨询和服务的特点，在世博事务协调局划出的场地内进行必要的硬件建设和软件配给。终于，随着“增爱世博”心理咨询室在 2010 年 5 月初的正式揭牌，标志着此项目在世博会召开之际顺利开始运转实施。在为期半年(5 月—10 月)的世博会期间，成功地开展了各类咨询、团体训练和讲座工作，取得了令人满意的效果。

第一节　项目的组织构架

整个“增爱世博”心理服务项目的组织架构可以从图 6 - 1 中加以形象的反映。

一、上海增爱基金会

(一) 项目发布

本项目是增爱基金会与上海市世博协调局协商之后，受世博协调局的委托策划，经由基金会理事会通过，对外公布的。

（二）经费资助

项目经费总计50万元人民币。主要用于如下几个方面的开支：

(1) 硬件和软件建设。包括世博心理咨询室的内部设计、装修；一些必备的心理咨询器材、办公家具、电脑等；一些进行心理咨询和测量的量表和工具。

(2) 项目研发。项目方案的制定、实施以及之后的数据搜集、分析、撰写项目报告，都由复旦大学心理研究中心承担；还策划并编制了世博心理健康手册。

(3) 会议、讨论及培训。在制定方案的过程中，专家进行了深入的讨论；也用于人员选拔、培训，以及项目实施过程中、结束后的督导和研讨（含专家的咨询费）。

(4) 人员费用。包括咨询师在工作期间的餐饮、交通补贴。

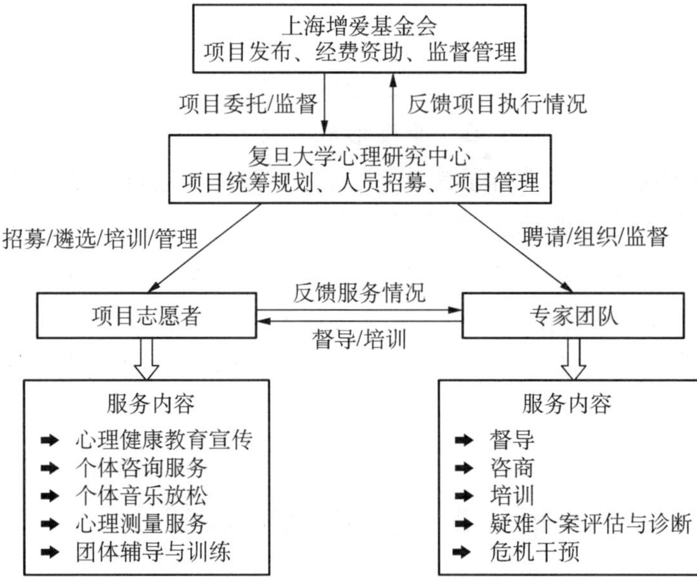

图6-1 增爱世博心理服务项目架构图

（三）监督管理

委托项目具体由复旦大学心理研究中心承办，并对其方案制定、实施、志愿者的选拔、专家团队的工作、具体日常的咨询工作，以及各类经费的使用情况进行严格的审查、监督和管理。

图 6-2 授牌。左起:孙时进、邱水平、胡锦星

二、复旦大学心理研究中心

(一) 项目规划与统筹

根据大型公共活动在筹划和开展过程中的特点,依据心理学的学科知识,在进行大量的文献检索和前期的探讨基础上,制定出增爱世博心理服务项目的总体规划及具体实施方案。在服务的性质、专业要求、服务的场地、硬件和软件设备的购买与使用、人员的配置使用、档案的建设和管理、数据的采集和分析以及项目实施结束后的总结与报告的撰写上进行一揽子规划和统筹,确保项目按部就班地进行和实施。

(二) 人员招募与培训

主要负责面向社会招聘 30 位具有心理咨询师资格、且有一定临床咨询经验的志愿者,与另外 30 名心理学专业的硕士和博士研究生共同组织起一支队伍。对入选的所有志愿者进行岗位专业和伦理方面的培训。在整个世博心理服务期间,对其工作加以督导。

(三) 项目管理

对整个项目在世博期间的开展进行全程管理和跟踪。

增爱基金会与复旦大学心理研究中心的关系是项目委托与监督,而后者则有义务向基金会反馈和报告项目执行的进展与质量。

三、专家团队

专家团队的成员来自上海各大高校的心理学系、精神卫生中心以及行业协会中资深的心理咨询师和管理者。他们一方面受主办方复旦大学心理研究中心的委托，工作的安排和协调听从主办方的指挥，另外一方面主要从事如下的具体工作：

（一）督导

定期对咨询师志愿者日常的咨询工作进行监督和业务指导。

（二）培训

通过讲座和小组座谈的形式，对咨询师志愿者的业务和伦理道德加以培训。也直接向世博局的工作人员进行压力管理、人际关系、家庭育儿等方面的讲座。

（三）疑难个案的评估与诊断

遇到咨询师志愿者不能解决的个案，进行专业的评估和诊断，并实施干预，或指导咨询师进行有效的帮助。

（四）危机干预

在世博会期间，就一些世博工作人员之中或场馆中游客间突发的危机事件加以及时的干预。

四、项目志愿者

项目志愿者是直接接触来访者的工作人员，他们一方面直接服务于来访者，解答疑问并提供专业性的帮助，另一方面也受项目专家团队的督导和培训。其具体的职责包括：

（一）心理健康教育咨询

深入基层，结合《世博心理服务手册》向一线工作人员进行心理健康知识的宣传、普及和教育，通过各种丰富多彩的活动（团体训练、讲课、板报）来实现这一目标，起到了很好的效果。

（二）个体咨询服务

在整个世博会召开期间，负责每天接待前来咨询的有需求的世博局各路工作人员。运用各种咨询的方法和技巧，为来访者提供帮助。同时，也记录案例，为之后的分析和研究提供第一手资料。

（三）音乐放松治疗

利用咨询室中的音乐放松设备，为来访者提供相应的服务，以辅助心理咨询的效果，让来访者身心得到调整。

（四）心理测量服务

运用一些纸质版和电脑版的心理量表，在专业的指导下，对来访者心理的各个方面进行评估与测量。既作为基本材料加以搜集，也用于咨询前后效果的对比。

（五）团体辅导与训练

整个世博心理服务项目的架构既有纵向的垂直关系，从项目获得、发布，到项目的策划、构思，直至项目的实施、督导和记录分析，条块清晰，分工明确，各层级之间的联系也非常紧密。同时，在每一个层级内部，也存在着有效的沟通和互动。正是由于这一合理有效的项目组织架构，才确保整个世博心理服务项目成功的开展。

第二节　专家的遴选和构成

一、原则

（一）兼顾理论和操作

专家主要来自上海高校心理学系、医院和一些专门行政管理机构。专家们大多从事临床心理学、咨询心理学及相关学科的理论、实践和管理工作，有着扎实的理论基础和丰富的实践经验。来自高校的专家本身就是从事各种临床咨询的流派、技术和方法的教学和督导工作，而来自医院的专家日常工作就是接待各类来访者，进行评估、诊断、咨询和治疗工作。此外，还有几位来自管理机构的同时兼有咨询师资质的专家。

（二）注重各个专业方向

这次专家以临床和咨询方向为主，但也有一些专业的心理统计分析专家，负责数据搜集、整理和后期分析。即使在咨询领域，也方向各异。既有专业医院临床心理学的专家，也有专门从事心理咨询的主任，还有的在女性、青年、婚姻家庭、儿童教育、职业规划、人力资源管理等领域有很高的造诣。针对参与世博筹备和工作人员年龄、组织的特点，以及该人群可能的心理服务需求，配置了各专业对口的专家，以便提供最及时到位的服务。

(三) 选拔和自愿

整个项目由复旦大学心理研究中心负责承办，专家的遴选也不例外。在对上海地区各高校各个方向的专家教授进行挑选之后，也征询各位专家的意见，尊重他们本人的意愿。从某种意义上说，专家也是世博志愿者队伍中的一员，只有理论扎实、技术过硬、伦理规范，且有时间和精力，志愿参与的人才能进入本项目的专家队伍。

二、构成

孙时进教授，上海市心理学会副理事长，上海市高校心理咨询学会会长，复旦大学心理学系主任，复旦大学心理研究中心主任，博士生导师。主要研究方向为社会心理学、临床心理学和咨询心理学。

赵旭东教授，上海中德友好医院筹建工作组组长，上海东方医院心身医学科主任，同济大学东方转化医学平台心身医学研究所所长，博士生导师。主要研究方向为心身医学与心理治疗，跨文化精神病学。

梁宁建教授，国务院学位委员会心理学科评议组成员、中国心理学会理事、中国心理学会心理学教学工作委员会委员、上海市心理学会副理事长，华东师范大学心理与认知科学学院党委书记、博士生导师。

张海音，上海心理咨询中心主任，主任医师。擅长精神分析和森田心理治疗，和各类神经症(强迫症、焦虑症、恐怖症、抑郁症等)的诊断与治疗。

袁军教授，上海师范大学心理学系副系主任，硕士生导师，主要研究方向为差异心理学，心理统计与测量。

傅安球教授，上海师范大学心理学系教授，硕士生导师，主要研究方向为临床和咨询心理学。

贺岭峰教授，解放军南京政治学院上海分院心战系系主任，硕士生导师，主要研究方向为咨询心理学，人格心理学，危机干预。

王金丽教授，解放军南京政治学院上海分院心战系教授，硕士生导师，主要研究方向为咨询心理学，儿童心理学，危机干预。

王裕如心理咨询师，上海市心理咨询行业协会会长，上海知音心理咨询中心主任，上海知音心理咨询师培训机构主任，上海儿童发展研究中心研究员。

张海燕教授，上海高校心理咨询协会副会长，华东政法大学心理健康教育与咨询中心主任，硕士生导师，主要从事心理咨询和心理健康教育工作。

高慧芬心理咨询师，某国家机关公务员。主要从事家庭、婚姻方面的心理咨询工作。

吴国宏副教授，复旦大学心理学系副主任，硕士生导师。主要研究方向为儿童发展和家庭教育方向的咨询。

图 6-3 部分专家合影，前排左起：孙时进、邱水平、胡锦星、王裕如；后排左二起：张海音、赵旭东、高慧芬、傅安球、袁军、吴国宏

第三节 志愿者的构成和选拔

一、志愿者的构成

志愿者主要由两方面的人员构成。一半人员是来自华东师范大学心理与认知科学学院的研究生，硕士和博士研究生都有，共计 30 名。他们当中很多就是临床和咨询心理学专业的学生，还有些同学已经通过了国家二级心理咨询师的考试和认证。另外 30 名志愿者来自专业心理咨询机构、学校、机关、事业单位，都取得了国家二级心理咨询师的资格，有着丰富的咨询服务经验。

二、志愿者的选拔

上海世博事务协调局最先是委托华东师范大学心理与认知科学学院来选拔 30 位研究生作为志愿者，服务世博会期间工作人员的心理咨询。因此，这 30 位同学，由华东师范大学心理与认知科学学院根据同学的志愿报名，进行筛选，最终确定人选。

上海增爱基金会决定设立“增爱世博”项目之后，委托复旦大学心理研究中心对该项目进行统一策划和管理。经对文献的检索和国内外举办大型活动的经验得出结论，举办世博会这样的大型公共活动，心理服务的专业性还需要进一步加强，在人员上也应该尽可能的充实。正是在这样的背景之下，提出了还需要增加30名有国家心理咨询师资质的、专业的或在日常工作中从事心理咨询的心理咨询师。

依托上海市心理咨询行业协会的平台，将信息和倡议进行发布，要求申请者报名的同时，提供一个典型的本人咨询案例。消息一经发布，就引来广大咨询师踊跃报名，很多人都有担当志愿者的意愿，远远超出30人。在这样的情况下，项目工作组及时组织专家团队，对报名的咨询师进行面试和遴选。最终选拔出30位咨询师。

专家先根据报名者提供的个人案例进行审查和初选。然后，再以差额的方式，对初选通过的咨询师进行面试。从从事咨询工作的年限和经验、理论水平、现场实战模拟应对等方面，综合整体地加以考察，也会对咨询师前来参加志愿者的动机、其他一些客观实际情况（离志愿者工作地的远近，日常本职工作的繁忙程度等）加以询问。尤其注重面试时他们的仪态和表达，也会考察他们的理论基础以及现场随机应变的能力。

图6－4　志愿者宣誓场景

第四节　心理咨询室的建设情况

坐落在世博事务协调局的“增爱世博心理咨询室”距世博会的现场很近，便于世博期间有需求的工作人员前来咨询。

图 6－5　增爱世博心理咨询室铭牌

一、环境及装修设计

项目特别聘请了有专门设计心理咨询室经验的装修公司，根据实际开展工作的需要来进行设计。

将咨询室分割成登记接待区和咨询区两个部分，而在咨询区内，既有色调清新的咨询区域，也有用来进行放松和辅助生物反馈治疗的场所。在家具、色调、不同功能区的分割和过渡上，完全达到心理咨询的要求和标准。

图 6－6　增爱世博心理咨询室全景。其中照片右下侧的为登记接待区域，左上方依次为咨询室一、放松理疗室、咨询室二

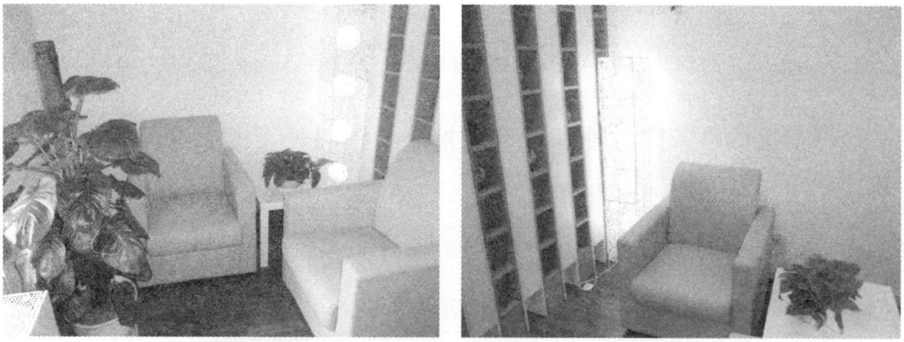

图6-7　增爱世博心理咨询室内景

二、有关软件、仪器和设备

软件主要包括一些心理测量的量表、问卷，有两台专门的电脑进行呈现和录入。仪器则购买了一些专业的放松椅和一些具有生物反馈治疗功能的设备。

图6-8　增爱世博心理咨询室理疗放松室内景

第五节 项目的实施

整个项目除去前期的专家团组成和志愿者的遴选之外，主要包含了咨询室正式开展工作前的上岗培训、针对世博工作人员的心理培训手册的编撰、整个世博会召开期间的日常咨询服务工作，以及结束之后的总结与数据分析汇总。

一、上岗培训

项目组于2010年三四月期间，组织了针对志愿者队伍的培训。培训包含讲座和小组讨论两部分。讲座主要由有关的专家就世博会举办期间可能出现的心理问题类型，压力来源及应对，咨询伦理和规范进行系统的辅导。就一些注意事项和工作要领展开充分的讨论和答疑。

参加增爱世博项目的虽然都是一些有经验的咨询师和专业的研究生，但都没有参加过类似大型活动的志愿者服务工作，而且这次活动时间跨度长，服务对象人数多，还要经历酷暑等天气因素的影响。非常有必要事前在专业技术和思想准备方面进行动员和指导。

在集中授课之余，还安排了两个半天进行分组的培训和讨论。首先，将60名志愿者分成6个大组，指派正、副组长各一人，各自带领4名组员。世博会持续时间前后达6个月之久，每个月由一个小组负责，而每一小组又由正副组长各带一队，隔天工作。分组讨论就以这6个大组和12个小组为单位，将12位专家(有个别没有全部出席)分别安排在12间会议室，与其中一个小组交流之后，再进行轮转，以确保每一组每一位咨询者都有机会和不同领域不同方向的专家进行充分的探讨和近距离的交流。具体的内容既有专家擅长领域的专业介绍和咨询技巧的切磋，也有志愿者把问题拿出来与专家一起讨论。采用这样灵活也有效的形式，在上岗服务之前进行了充分的准备，为下一阶段进驻咨询服务状态奠定了坚实的基础。

二、心理健康手册的编撰

为了更好地宣传“增爱世博”项目，让更多世博工作人员了解心理咨询服务，普及相关的心理保健知识，复旦大学的师生特别编撰了“增爱世博、放飞心灵”心理健康手册。发放到世博事务协调局的各个办公场所和场馆，力争让广大工作人员学习和了解。

图6-9 “增爱世博、放飞心灵”心理健康手册封面

主要内容包括：压力的介绍、压力的来源、压力的影响、压力的应对等。并汇总了一批有针对性的案例，尽量还原成当时的工作生活中常见的情景，提出的问题都具有典型性，如“倒计时下的迷茫”（针对世博会时间紧任务重的特点），“同事矛盾”（人际关系）。手册非常精炼、装帧精美、便于携带，取得了很好的预期效果。

三、日常咨询服务

（一）工作架构

所有志愿者一共分成6个大组，每组10人，负责一个月的咨询服务工作。由正副组长各带5人，轮流值班。12位专家也根据本人意愿和工作周期，分派入每一个时段。专家的职责是不定期对咨询师的工作进行督导和研讨，也承担个别疑难案例的咨询。而每一小组（分组）的工作也有所侧重。一般由研究生同学进行登记、测试、记录，心理咨询师负责接待来访者，辅导和咨询。每个小组的组长和副组长都要对值班当天的所有案例进行简单的分析、总结并加以存档，以便日后的数据分析和开展进一步的挖掘研究工作。每一天的案例都严格封存，注意保护来访者的隐私。后期的开检、数据录入和分析，也都严格根据规范执行。

（二）咨询工作流程

来访者可以通过电话预约（电话已在《心理健康手册》上、世博局内部有关的网站列出,并且于世博局办公场所和公共生活区域的醒目位置张贴告知),也可以在咨询室开放的时间里(早上 8:30—下午 5:30)随时前来询问和咨询。

志愿者会先让来访者登记填写一些简单的资料,了解来访者的一些基本信息和前来咨询的主要问题。同时,根据来访者的主诉以及观察,进行一些必要的心理测试。

根据来访者填写的情况以及本人意愿,安排值班的咨询师对其进行心理咨询。其间,如果本人有想借助设备进行放松和音乐辅助治疗,则可以将来访者引入理疗放松室进行操作和使用。

如果来访者的问题一次没有解决,或下次还想接着进一步咨询的话,则预约下次来访时间。每个来访者造访之后,咨询师和志愿者都会将对象前来咨询的大致情况加以记录,主要包括的内容有:来访者主诉,初步判断问题可能所在,采取或拟采取什么样的方案加以干预,本次咨询有无效果,进一步的方案。此外,还会询问来访者这次前来寻求服务、接受咨询之后的满意度情况。有必要的话,咨询师还会根据来访者的情况,推荐并鼓励来访者去正规医院或心理咨询机构做进一步的检查、咨询和治疗。

每天的个案都要经过组长简单初步的整理之后封存,以便世博会结束之后的分析和探讨。

(三) 其他工作

咨询师志愿者在日常的咨询服务以外,还进行一些其他的工作,主要包括:心理健康教育宣传、音乐放松治疗、团体训练和咨询,也会走出咨询室,到广大工作人员中间去,提供丰富多彩也行之有效的宣讲和交流。

(四) 交接

各小组内分组之间,组长和负责人每天都会根据工作日志进行交接;在小组与小组之间,除了工作日志这样书面的交接形式之外,后一组的组长会在前一组还未结束工作时就提前来到现场与前一组的组长进行沟通。这样多层次的有效衔接,确保了日常工作开展的连续一贯性,也可以使得一些有持续咨询需求的来访者得到很好的照顾。

四、总结收尾阶段

随着 2010 年 10 月 31 日上海世博会宣告胜利闭幕,增爱世博心理咨询服务项目的主要工作也宣布告一段落。在所有咨询师志愿者撤出之后,所有世博期间封存的档案、资料、数据都被统一集中到复旦大学心理研究中心，由特定的专家和教师对其加以仔细的挖掘和整理。并将数据录入，结合前期检索的文献，对照其他的数据，对整个项目执行过程中来访者心理问题集中表现出什么样的特点和规律，随时间和季节变化、性别不同、工作性质和岗位的差别而体现出各种不同类型的心理问题和倾向，进行详尽科学的分析和讨论，得出了非常有价值的结论。

志愿者、咨询师们也进行了总结。每位志愿者都写了这次增爱世博志愿者服务的心得和体会，还有的咨询师就其中印象最深刻、个人觉得最有价值的个案进行了分析，写出书面的小结，也在各个小组的总结会上，以及最后组织的征文颁奖仪式上，进行了现场演讲，展开积极有益的分享与讨论。

增爱基金会、世博事务协调局以及复旦大学也都在不同的层面对这一项目进行了审查、评估、宣传和总结，并多次在媒体上加以介绍。不仅在长达半年之久的咨询服务中给广大世博局的工作人员提供了实际有效的帮助，也在社会和公众心目中留下了积极的印象。

第六节　项目的回顾与总结

随着世博会落下帷幕，前后持续服务的“增爱世博”心理咨询室也撤出了现场。从项目筹备、计划开始，历经志愿者的选拔和培训，世博会长达六个月的咨询服务，以及后期的数据汇总、分析、总结，前后经历了不同寻常的大半年。在这里，先简要地对项目进行一下总结。展望和理论思考的部分，稍后的章节中还将讨论。

一、一次开创性的尝试

世博会这样持续时间长、参与人数多的超大型活动应该如何开展，随着亚运会、奥运会以及各种大型活动在中国开展的日益增多，各方已经积累了一定的经验。达成的共识是，此类大型活动开展成功与否，人的因素是关键。这不仅体现在人员选拔、培训和管理上，在整个活动期间人员（工作和作为普通参与者）心理状况、需求的变化，也要予以充分的重视。以本次世博会为例，为了举办好这次盛会，组织方调动了大量的人力资源，各路人马汇聚一堂。从个别看都是精兵强将，但组织在一起，如何发挥各自的优势，并且保持人际间沟通的顺畅愉快，就不是单纯的管理能够解决的。面对各种工作、生活和人际之间的压力，如何从心理上给他们支持，教会人们正确处理压力的方法，也在遇到化解不开的问题时，找到合理的途径寻求专业的帮助，就放到议事日程上了。

那么，这样的服务究竟应该由谁来组织、调配呢？人员、业务管理、资金又该如何解决呢？本次“增爱世博”心理服务项目，进行了一次极好的尝试。

由于法律、技术规范和伦理标准等多方面的原因，心理咨询服务在当今的中国还处在起步阶段。要么是在专业的医院，但限于资源，医院主要还是解决心理疾病及临床治疗的问题为主；要么就是在民间，但由于缺乏行政、工商、法律和业务的具体规定，这部分的心理服务良莠不齐，也不能完全满足社会的需要。而反观大学和一些专业的机构，拥有一流的师资，他们不仅专业理论扎实，而且熟悉国外很多先进的咨询技术和方法，却很少有途径与社会结合，真正把专业的服务送达所需要的人群，此外，高校队伍中也还有精力有限、其他资源不足的问题。

因此，在遇到世博会这样的超大型项目寻求专业心理服务时，随便哪一方单独出来应对都是不可能完成的任务。

上海增爱基金会独具慧眼，一改传统慈善捐钱捐物的局限，创新性地投入资金，捐赠一个心理服务项目。在技术和规划上，委托专业的心理研究机构和大学心理院系，放手让专家规划方案，选拔志愿者，督导咨询。而对咨询师志愿者团队，则提供必要的支持，确保他们不仅实现为世博尽力的公益理想，也在业务规范和提高上对整个团队有所帮助。总体看来，取得了预期的效果，完成了任何一方单独不可能完成的任务，也赢得了世博工作人员的一致欢迎。

二、各方精诚合作的产物

整个项目的成功，取决于多个方面。首先是上海增爱基金会的决断。在了解到世博会工作人员的需求，征询专家的意见之后，增爱基金会理事会果断拿出50万元人民币，设立“增爱世博”心理服务项目。既体现了一贯的支持政府、热心公益的原则，其远见和决策也着实体现了该基金会的魄力。在整个项目开展执行期间，基金会的领导和工作人员不仅全程关心，还积极做好各项协调、后勤工作，确保各项工作能够顺利地开展进行。

其次，复旦大学心理研究中心也发挥了不可替代的项目组织职能。中心的领导打破学校、医院、专业机构和民间团体的无形壁垒，论材取人，将上海其他各高校心理院系、心理咨询的专家尽数纳入专家团队，集思广益，共同献计献策，使得最终形成的方案相对科学合理，各项业务工作的开展也非常流畅。尤其在先期团队的构架、志愿者队伍的遴选和培训，后期资料的整理分析研究方面，做了大量的工作。

第三，整个项目最重要的部分是咨询师志愿者6个月的坚持与辛勤的工作。来自于各个机构、学校、企事业单位的咨询师志愿者，连同华东师范大学心理与认知科学学院的研究生们，克服各种困难，在比较艰苦的条件下，出色地完成了咨询服务任务。

最后，世博事务协调局的领导和同志们也给予项目最大的支持，不论在场地、资源和其他配套服务上，都提供了巨大的帮助，离开他们的支持，整个项目也是无从开展的。

整个项目各个环节配合紧密，效率很高，基本达到了预期的效果。

三、成果与不足

(一) 主要成果

1. 探索了一种模式。在面临这样超大型的活动时，如何协调各方面的资源和人力，快速、高效地组织起一支能战斗的心理咨询服务队伍来，本项目进行了积极的探索和有益的尝试。

2. 摸清了社会上各种心理咨询服务的资源和队伍情况，以便今后在遇到类似的活动时，及时组织人员进行类似的服务。

3. 很好地向社会宣传了心理咨询服务。通过这次活动，很多人受益于这个项目，更重要的是，让更多人了解什么是心理咨询，有这样那样的心理问题应该如何寻求服务于帮助。事实上，这次受益最多的，也就是广大前来接受咨询的世博工作人员。

(二) 不足和留待改进之处

1. 服务辐射人群局限。虽然世博期间工作人员人数不少，但还有很多有实际需求的人，如活跃在世博场馆的志愿者，后勤服务人员，甚至是游客，也都会有这样那样的心理问题发生，限于人力物力，这次项目的服务没有对这些人群有所覆盖。

2. 心理服务涉及的范围局限。这次项目的主要服务内容为心理咨询服务，以及与此有关的宣传、团体训练和放松等服务。而实际上，心理学的服务是全方位和渗透性的。在组织、选拔、培训等各个涉及人力资源的领域都大有可为。如何让心理服务有更大更宽阔的舞台，是各方值得反思的问题。

3. 制度化的问题留待今后解决。由社会机构提供资源、高校专业机构策划实施方案，集全市和一个地区的力量，在超大型活动中为社会服务，这样的流程和人力资源的配给应该制度化，但目前还只是停留在尝试阶段。还需要政府部门的支持，和有关法规的制定。

参考文献：

增爱世博放飞心灵心理健康手册，上海增爱基金会 2010 年.

第七章

“增爱世博”心理服务项目的实施：来访档案分析

“增爱世博”心理服务项目是一个旨在为中国 2010 年上海世界博览会的工作人员提供个体和团体心理服务的专业服务项目。尽管“增爱世博”项目的服务人员也是以志愿者的身份加入到项目当中，但他们的工作角色仍然具有高度的专业性，他们的专业行为也应符合心理学领域的专业标准。参照心理学领域，尤其是心理咨询和治疗领域的行业伦理要求[1]，项目的心理服务志愿者作为专业人员，需要在整个实施服务的过程中完成包括来访个案登记、知情同意书签署、案例记录、测评记录等各类相关的文档工作，以保证来访者和心理志愿服务者的权益，以及项目实施的总体质量，而这些档案记录也为了解上海世博会工作人员的心理困扰和需求，评鉴服务项目的质量和效益提供了重要的依据。

本章将对“增爱世博”心理服务项目在为期 6 个月的服务过程中所记录的所有专业文档进行数据分析。本章的数据分析工作将主要尝试围绕两大重点来进行：一是基于“增爱世博”心理服务项目的档案记录分析来访者的特征、来访问题及其影响因素，二是基于档案记录对本次心理服务项目的实施质量和效益进行评估；在上述数据分析的基础上，本章将尝试总结和提炼出中国 2010 年上海世博会这类大型公共活动在心理服务方面的需求特征，为后续类似大型公共活动中的心理服务的规划和实施提供有益的参考。

第一节 数据采集及分析方法

(一) 数据来源及数据采集

在“增爱世博”心理服务项目的实施过程中，所有 59 名心理服务志愿者被分成12个工作小组，每两个工作小组负责一个月的服务工作。在服务过程中，心理服务志愿者主要使用的文档包括：(1)《个别咨询预约表》(具体内容见附件7-1)，主要收集来访者的基本人口学信息、对心理服务的基本需求和来访问题；(2)《咨询服务确认书》(具体内容见附件7-2)，实际上是一份知情同意书，向来访者告知服务的设置、他们的权益、保密原则及例外情况；(3)《个别咨询记录表》(具体内容见附件7-3)，由心理服务志愿者对个体咨询服务进行案例记录；(4)《来访者回访反馈表》(具体内容见附件7-4)，由来访者对心理服务的质量进行简单的评估；(5)《音乐放松减压仪器使用表》，记录来访者使用该仪器的简单情况，包括选取的音乐、生理指标变化和来访者的反馈等。除了这些主要的文档之外，其他的文档材料还包括来访者所做的各类心理测验及其报告，团体辅导训练的方案和团体辅导训练时来访者做的反馈。

所有这些原始的文档材料都为书面纸版材料。由于这些档案资料都不同程度地涉及来访者的个人隐私，所以每个心理服务志愿者小组在完成其当月的服务后，都会由小组组长将这些材料统一封存。所有文档在整个项目服务结束后，全部移交给复旦大学心理研究中心统一保管。为了对这些文档进行后续的统计分析，复旦大学心理研究中心组织五位复旦大学心理学系的研究生(男性1名，女性4名)将不同文档记录上的内容(《个别咨询记录表》上的具体咨询记录，心理测验结果的报告以及团体辅导训练方案未进行录入)统一录入到计算机内，分别制成Excel版本的电子数据档案。在文档录入之前，五位研究生均接受了本书主要作者主持的统一培训，培训内容包括熟悉录入数据模板和规则，以及如何在录入过程中遵守相应的保密原则。

(二) 数据分析方法

本章所用的数据分析方法包含了定量分析和质性分析两类。定量分析主要用于所有可量化的数据，如来访者的人口学信息，来访次数，所采用的心理服务类型等。在定量分析中，所有可量化的数据统一使用数据分析软件SPSS13.0进行描述统计和推论统计分析。具体的统计方式将在本章的结果部分予以相应的详细描述。

质性分析主要用于分析档案中《个别咨询记录表》中记录的个案信息部分。本章所主要采用的是内容分析法。在具体操作中，由本章作者阅读所有的《个别咨询记录》，提炼涉及的来访问题类型和心理服务志愿者所使用的咨询技术，予以归类，并选取具有代表性的来访案例予以呈现。

第二节　档案分析结果

(一) 心理服务来访的基本人数及构成

1. 来访案例数量

根据《个别咨询记录表》、《来访者回访反馈表》以及《音乐放松减压仪器使用表》三份文档中记录[①]的来访者信息进行综合整理后发现，在项目服务的 6 个月中，项目提供的心理服务的累积来访案例数(个人来访和团体服务均记为 1 例)为 1184 例，累积服务的人数超过 1582 人。图 7－1 和图 7－2 分别呈现了"增爱世博"心理服务项目开展服务的 6 个月中各月来访案例的数量和来访人数。

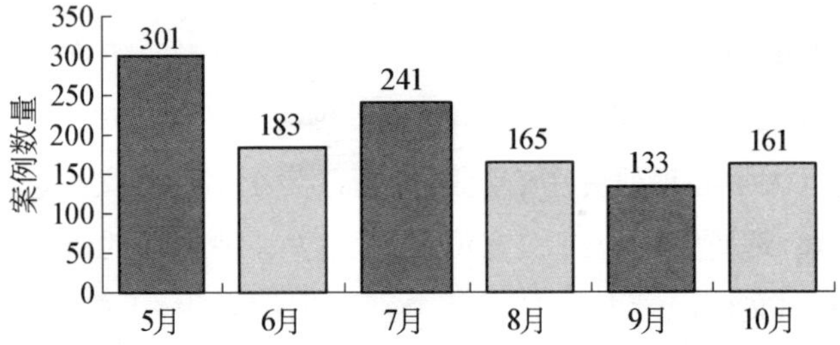

图 7－1　"增爱世博"心理服务项目每月来访案例数量

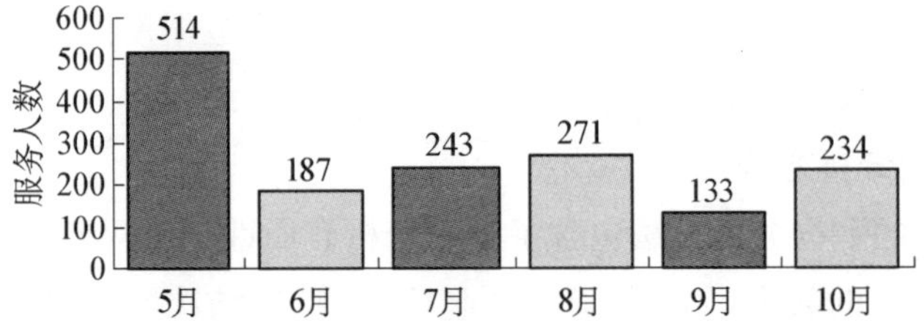

图 7－2　"增爱世博"心理服务项目每月累计服务人数

从图 7－1 和图 7－2 中可见，第一个服务月，即 2010 年 5 月份是来访案例数量和服务人数最高的一个月，6 月份则有显著的下降，案例数量仅为 5 月份案例数量的 60.8%，而在之后的四个月中，除 7 月份案例数量及服务人数有所回升外，其他三个

①由于心理服务志愿者提供不同类型的心理服务时会使用不同的文档记录，也并非所有的来访者都会填写反馈表，因而综合了这三份文档资料中的来访者信息，从而最完整地把握来访情况。

月基本维持了 6 月份的来访数量，且以 9 月份的案例来访数量及服务人数最低。

图 7-3 则呈现了服务进行的 6 个月中每日来访的案例数量。从图 7-3 中可见，单日来访案例数量高峰多集中在 5 月份和 7 月份。经进一步统计发现，在“增爱世博”心理服务项目服务的 184 天中，日接待案例数在 0～27 例之间，平均每日接待案例数 6.51±4.34 例；日服务人数在 0～112 人之间，平均每日服务人数 8.69±11.44 人。

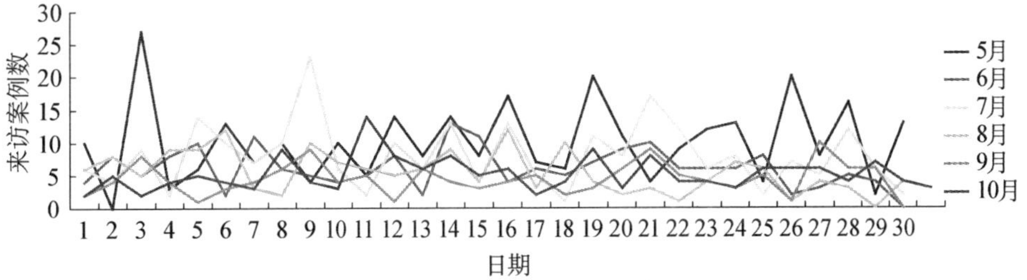

图 7-3 “增爱世博”心理服务项目各月每日来访案例数量

2. 来访者的基本人口学信息

根据《来访预约情况登记表》①中登记的信息统计了“增爱世博”心理服务项目所服务的来访者的基本人口学状况。填写《来访预约情况登记表》的来访者共 846 人次②。在 846 人次中，来访者的来访次数 1～33 次，平均来访次数 2.21±3.93。按照姓名检索排序后，将重复来访的来访者剔除后，得到 381 名来访者的信息，其中单次来访者 268 人(70.3%)，多次来访者 113 人(29.7%)③。

来访者的年龄范围为 12～63 岁，平均年龄 33.64±11.83 岁。图 7-4 列出了来访者的性别比例，从图中可见男性 150 人(39.4%)，女性 221 人(58.0%)，性别缺失者 10 人(2.6%)。

---

①《来访预约登记表》原则上是任何预约个案服务的来访者需填写的表格，在 5 月和 6 月中，所有个案服务的来访者(包括个案咨询、音乐放松和心理测验服务)都会填写该表格，但从 7 月初开始，服务组启用了《音乐放松减压仪器使用表》来专门记录做音乐放松的来访者情况，那些来访者遂不再填写《预约登记表》，因《音乐放松减压仪器使用表》中来访者只填写了姓名、性别和年龄的信息，故本节主要根据《来访预约登记表》中的数据来报告。

②填写《音乐放松减压仪器使用表》的人数为 446 人次，其中男 165 人次，女 275 人次，性别缺失 6 人，年龄范围为 21～61 岁，平均年龄 29.99±9.00 岁。

③仅参照《预约登记表》进行了这项统计，考虑到有一定比例的来访者在 7 月后来访时使用了音乐放松服务，故未填写预约登记表，因此来访次数的最高值和平均值实际上高于这一统计值。

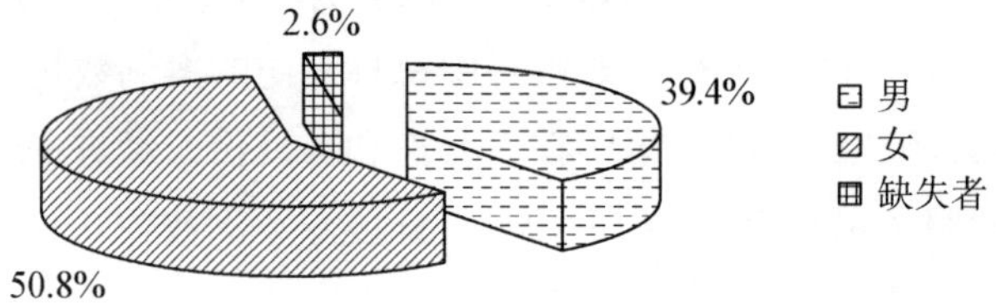

图7-4 “增爱世博”心理服务项目来访案例的性别比例

在来访者中,2010年上海世博会各类非志愿类的工作人员269人(70.6%),各类志愿者103人(27.0%),身份无法确定者9人(2.4%)。具体职业分类(见图7-5)学生110人(28.9%),教师33人(8.7%),职员60人(15.7%),医生4人(1.0%),公务员70人(18.4%),其他职业40人(10.5%),未填写职业者64人(16.8%)。

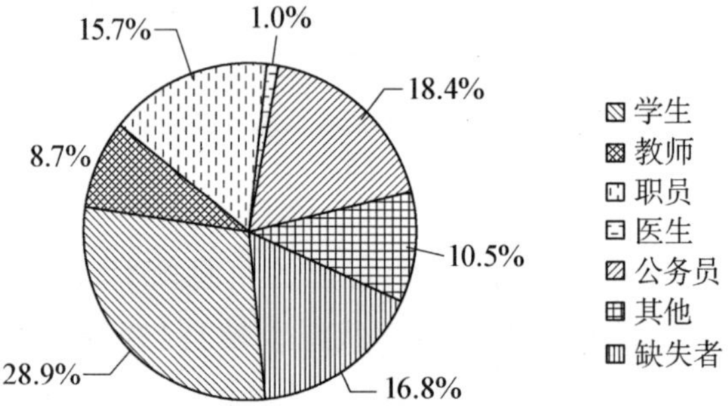

图7-5 “增爱世博”心理服务项目来访者的职业情况

来访者的学历情况见图7-6,从图中可见,高中及以下学历14人(3.7%),大专学历42人(11.0%),大学学历178人次(46.7%),研究生及以上学历105人次(27.6%),未注明学历者42人(11.0%)。

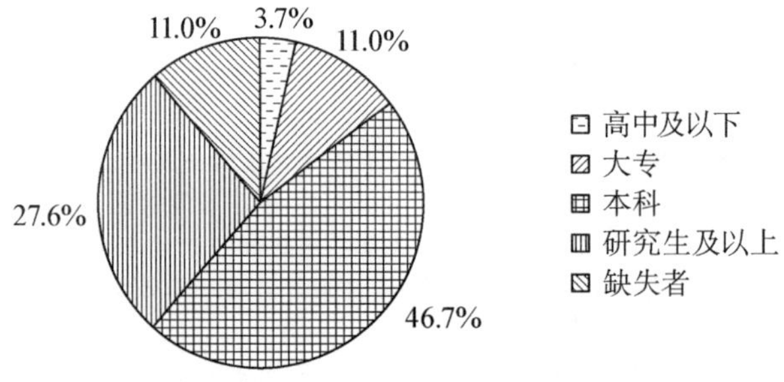

图7-6 “增爱世博”心理服务项目来访案例的学历情况

图 7－7 列出了来访者的婚姻状况，从图中可见未婚者 204 人（53.5%）、已婚者 122 人（32.0%）、离异者 6 人（1.6%）、再婚者 1 人（0.3%）、缺失值 48 人（12.6%）。

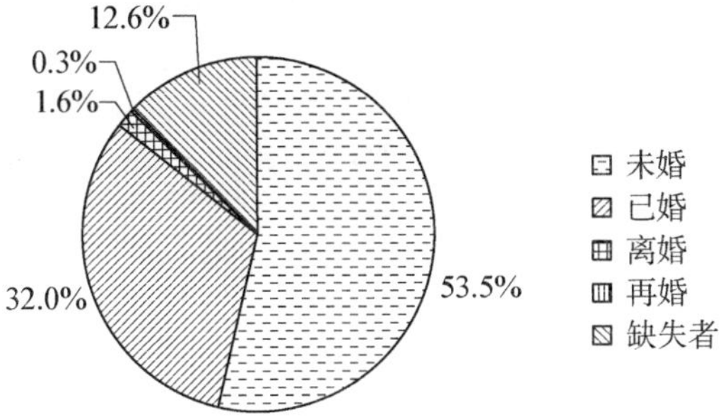

图7－7 “增爱世博”心理服务项目来访案例的婚姻情况

从上述人口学信息中可知，前来寻求心理服务的人群具有女性居多、年龄较轻和学历较高的特点；另外，各类人口学的缺失值比例在 2.6%～12.8%之间，提示绝大多数来访者愿意在登记表上填写自己的个人信息。

使用卡方检验考察单次来访者和多次来访者在性别、职业、婚姻状态、学历之间的差异，结果未发现两类人群存在任何差异。使用独立样本 t 检验考察两类人群在年龄上的差异，结果也未发现任何差异（ $t_{(106)}=-0.153$，$p=0.879$ ）。这些结果表明，单次来访者和多次来访者在基本的人口学变量上没有差异。

（二）来访的问题类型

在考察来访者的来访问题上，本章的分析主要基于两类数据材料：(1)《来访者预约情况登记表》；(2)《个别咨询记录表》。

1.《来访者预约情况登记表》中反映出的来访问题

《来访者预约情况登记表》要求来访者就他们的来访问题进行勾选，选项包括六项：岗位困扰、婚姻家庭、工作压力、职业倦怠、人际关系以及其他。考虑到同一个来访者在每次来访时可能有不同的问题，因此在对《来访者预约情况登记表》的这部分选项进行统计时先采用了全样本（即 $N=846$）。

在 846 人次的来访中，未勾选任何来访问题的 650 人次（76.8%），勾选一个来访问题的 148 人次（17.5%）、勾选 2 个来访问题的 33 人次（3.9%），勾选

3 个来访问题的 14 人次(1.7%)、勾选 4 个来访问题的 1 人次(0.1%)。在勾选来访问题的 196 人次中，图 7－8 列出了他们勾选的来访问题比例，从图中可见，来访问题比例最高的是工作压力(102 人次)，其次是其他(49 人次)、婚姻家庭(45 人次)、人际关系(44 人次)、职业倦怠(41 人次)，来访比例最低的是岗位困扰(29 人次)。

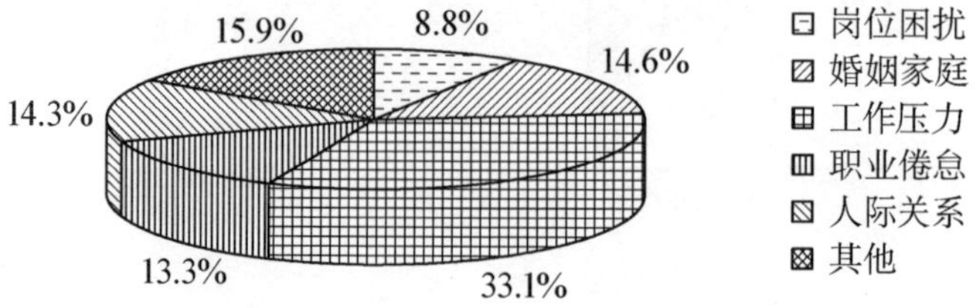

图 7－8　勾选来访问题的来访者(N=196)中各来访问题的比例

考察来访者的人口学变量对来访问题的可能影响。表 7－1 列出了不同性别的来访者在来访问题上(“其他”选项除外)的勾选情况。使用卡方检验考察男女来访者在来访问题上的可能差异，结果发现，在婚姻家庭、工作压力及职业倦怠这三项来访问题上，不同性别的来访者因这些问题来访的比例有所不同，具体而言，在婚姻家庭问题上，女性来访者的人数显著高于男性来访者；在工作压力问题上，男性来访者的人数显著高于女性来访者，在职业倦怠问题上，女性来访者的人数显著高于男性来访者。

表 7－1　男女来访者在来访问题上的差异

来访问题	男	女	χ	Df	P
岗位困扰	13(18.1%)	14(11.3%)	1.76	1,196	0.19
婚姻家庭	8(11.3%)	35(27.8%)	7.26	1,197	0.007
工作压力	47(61.0%)	53(41.1%)	7.69	1,206	0.006
职业倦怠	9(4.5%)	32(16.0%)	4.14	1,200	0.045
人际关系	17(8.5%)	26(12.9%)	0.25	1,201	0.62

使用卡方检验考察来访者的身份(志愿者 vs. 各类工作人员)在来访问题上的可能差异，结果未见任何差异，表明志愿者和各类世博会工作人员在各类来访问题上的人数上没有显著差异。

2.《个别咨询记录表》中反映出的来访问题

考虑到大多数来访者并未在预约登记时填写自己的来访问题，因而选取《个别咨询记录表》中的信息作为分析统计来访问题的另一个数据来源。在分析统计时，由本章作者逐个阅读这些个案记录（多次来访的个案每次来访的情况均计入统计，$N=296$ 人次；多次来访个案计为 1 例，则 $N=201$ 人），根据心理服务志愿者的评估和案例记录的内容[①]提炼出这些来访者在个案记录中反映出的来访主要问题。

图 7－9 列出了 201 名使用个体咨询服务的来访者在个案咨询记录中所反映出的来访问题（$N=253$）。从图中可见，来访问题最多的是工作压力困扰，占所有来访问题的 31.6％；其次是婚姻恋爱方面的困扰，占所有来访问题的 14.6％；随后是职业规划问题，占所有来访问题的 11.5％；自我认识议题（指以自我探索和成长为目的的来访，如希望能更好地了解自己的人格或生活目标），占所有来访问题的 10.3％；情绪问题（指焦虑或抑郁情绪状态或障碍），占所有来访问题的 10.3％；一般人际关系困扰（指在来访者总体

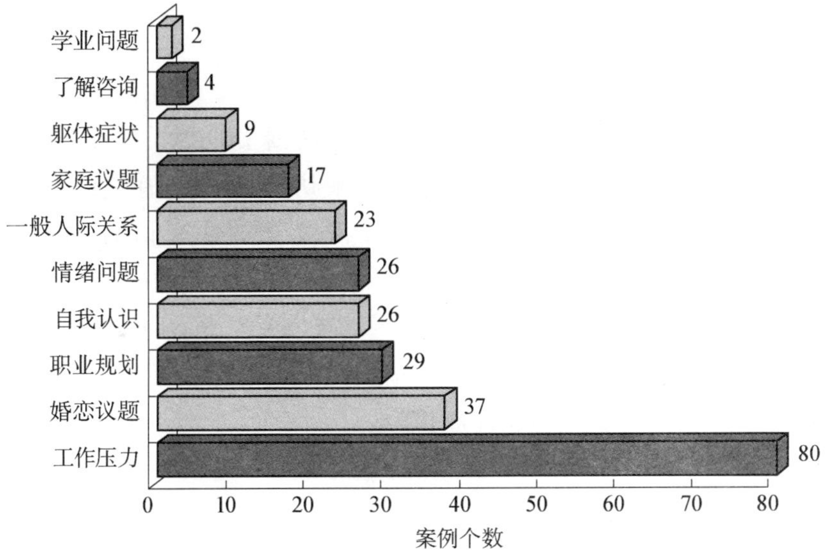

图 7－9 使用个体咨询服务的来访者的来访问题类型

① 大多数心理服务志愿者都会在个案记录中描述来访者的来访问题。本章作者也会在阅读整个案例后会总结提炼来访者的问题；若心理服务志愿者未对来访者的问题进行明确评估，则会依照本章作者的印象给予来访问题的分类；在绝大多数情况下，本章作者和心理服务志愿者的意见一致；在个别案例中，本章作者和心理服务志愿者的印象有一定出入，则两方分类的印象都计入分类统计之中。有些来访者来访的问题不止一个，尤其是多次来访的来访者，则在统计时包含了其来访的所有主要问题。

上和他人交往时遇到的问题或困扰），占所有来访问题的9.1%；家庭议题（指除婚恋议题之外涉及和家庭成员关系，如亲子关系，或为家庭成员的某个困扰的来访情况），占所有来访问题的6.7%；相对来访人数较少的问题包括躯体症状来访（指因躯体疾病或某个躯体症状来访的情况，如睡眠不佳、头痛），占所有来访问题的3.6%；了解心理咨询（指想体验一下心理咨询是怎么回事），占所有来访问题的1.6%以及学业问题，占所有来访问题的0.8%。

若进一步对这些来访问题进行合并，则可发现，在所有的来访问题中，与工作学业有关的困扰（包括工作压力、学业问题和职业规划）是来访人数最多的问题类型，可占到所有来访问题的43.9%；其次是各类人际关系困扰（包括婚恋、家庭议题和一般人际关系问题），占所有来访问题的30.4%；随后是身心症状（包括情绪方面的困扰和躯体症状），占所有来访问题的13.8%；最后是自我认识议题（10.3%）及为抱着了解和体验心理咨询为目的的来访（1.6%）。

考察来访者的人口学变量对来访问题的可能影响。首先使用卡方检验考察不同性别的来访者（男性72名，女性104名）在来访问题上的可能差异。结果发现，在工作压力问题上，不同性别的来访者的比例有边缘显著差异（$\chi_{(1,176)}=3.79, p=0.052$），男性来访者多于女性来访者（47.2% vs. 32.7%）；在婚恋议题（$\chi_{(1,176)}=2.75, p=0.10$），家庭议题（$\chi_{(1,176)}=0.17, p=0.68$），一般人际关系议题（$\chi_{(1,176)}=0.04, p=0.85$），情绪议题（$\chi_{(1,176)}=0.07, p=0.79$），自我认识议题（$\chi_{(1,176)}=2.00, p=0.16$），职业规划（$\chi_{(1,176)}=0.03, p=0.88$），躯体症状（$\chi_{(1,176)}=0.23, p=0.64$），了解咨询（$\chi_{(1,176)}=2.11, p=0.15$）和学业问题（$\chi_{(1,176)}=1.40, p=0.24$）的来访比例上则不存在性别差异。

其次使用卡方检验考察来访者的身份（志愿者56人 vs. 各类工作人员125人）在来访问题上的可能差异。结果发现，在工作压力议题上，两者存在显著差异（$\chi_{(1,181)}=5.27, p=0.02$），工作人员的来访比例显著高于志愿者（44.8%vs. 26.8%）；自我认识议题上两者存在显著差异（$\chi_{(1,181)}=8.53, p=0.004$），志愿者的来访比例显著高于工作人员（25.0%vs. 8.8%）；在家庭议题上两者的来访比例有显著差异（$\chi_{(1,236)}=4.51, p=0.034$），工作人员的来访比例显著高于志愿者（11.2%vs. 1.8%）；在躯体症状上，两者的来访比例也存在边缘显著的差异[①]($p=0.059$)，工作人员的来访比例有高于志愿者的趋势(7.2%vs. 0.0%)。在其他来访问题上未见显著差异。

进一步考察来访者的来访次数和来访时间对来访问题的可能影响(见表7-2)。首先使用卡方检验考察单次来访和两次及以上来访的来访者(单次来访157人 vs. 多次来访44人)在来访问题上的可能差异。结果发现，在家庭议题上，两类来访者的来访比例有显著差异($\chi_{(1,201)}=19.91, p=0.000$)，单次来访者的来访比例显著少于多次来访者(3.8%vs. 25.0%)；在婚恋议题上，两类来访者的来访比例有显著的差异($\chi_{(1,201)}=18.99, p=0.000$)，单次来访者的来访比例显著少于多次来访者(12.1%vs. 40.9%)。在其他问题类型上，未见两类来访者的显著差异。

表7-2　各类来访问题的平均来访次数

来访次数	工作压力	婚恋议题	职业规划	自我认识	情绪问题	人际关系	家庭议题	躯体症状	了解咨询	学业问题
均值	1.66	2.13	1.72	2.38	2.12	1.78	2.88	1.11	1	1
标准差	2.11	2.29	2.43	3.41	2.57	2.5	3.31	0.33	0	0
N	80	37	29	26	26	23	17	9	4	2

其次使用卡方检验考察不同月份中来访问题类型上的可能差异[②]。表7-3列出了在6个月的服务中各月的来访问题类型及人数。结果发现，在工作压力、情绪问题、家庭议题和职业规划四种问题类型上，不同月份的来访比例之间存在显著差异。在其他问题类型上，则各月份的来访比例未见显著差异。具体而言(参见图7-10)，在工作压力的来访个案比例上，来访比例最高的是5月和6月，随后有所下降，在9月达到最低，10月则又有所上升。在情绪问题和家庭议题的来访个案比例上，似乎呈现某种倒U型曲线，即来访个案比例分别在6月和7月，以及7月和8月最高，其余月份则比例较低。最后，在职业规划问题的来访比例上，似乎呈现出逐月上升的趋势，后三个月的来访比例显著高于前三个月的来访比例，且以10月份的来访比例最高。

①因志愿者中无人因此来访，故单元格小于5，选用FISHER'S EXACT TEST。
②鉴于多次来访的来访者有些是跨月份的，因此这里使用的是 $N=296$ 人次的样本，由于有些来访者有多个问题，故最后计入的问题数 $N=315$ 个。

表7-3 “增爱世博”心理服务项目各月服务中的个案来访问题类型及数量

问题类型	5月份	6月份	7月份	8月份	9月份	10月份	$\chi_{(5,296)}$	p
工作压力	59(40.7)	16(33.3)	6(17.6)	9(28.1)	2(11.8)	6(30.0)	11.38	0.04
婚恋议题	18(12.4)	5(10.4)	8(23.5)	7(21.9)	5(29.4)	4(20.0)	7.31	0.20
自我认识	16(11.0)	5(10.4)	6(17.6)	1(3.1)	5(29.4)	1(5.0)	9.75	0.08
情绪问题	10(6.9)	11(22.9)	7(20.6)	1(3.1)	2(11.8)	2(10.0)	14.53	0.01
家庭议题	12(8.3)	2(4.2)	9(26.5)	6(18.8)	1(5.9)	1(3.2)	15.42	0.01
职业规划	11(7.6)	1(2.1)	2(5.9)	6(18.8)	3(17.6)	7(35.0)	22.36	0.00
人际关系	11(7.6)	7(14.6)	4(11.8)	4(12.5)	0(0)	0(0)	6.77	0.24
躯体症状	3(2.1)	4(8.3)	0(0)	2(6.3)	0(0)	0(0)	8.37	0.14
了解咨询	3(2.1)	0(0)	0(0)	0(0)	0(0)	1(5.0)	4.35	0.50
学业问题	0(0)	2(4.2)	0(0)	0(0)	0(0)	0(0)	10.4	0.07

注:括号内为该问题类型在当月来访个案中的百分比

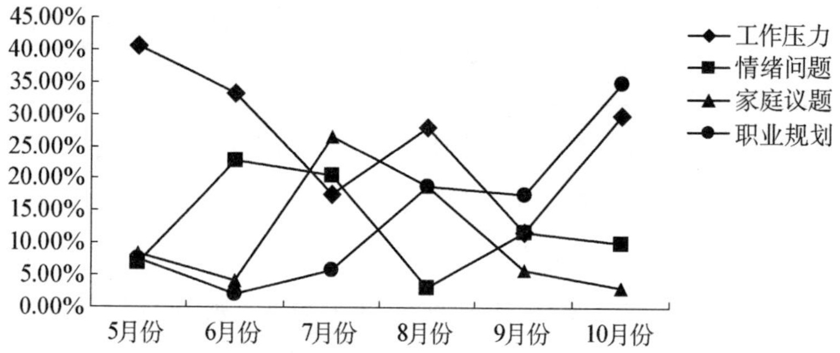

图7-10 四种问题类型在各月的来访比例拟合图

(三)心理服务的类型和技术使用

根据《个别咨询记录表》、《来访者回访反馈表》以及《音乐放松减压仪器使用表》三份文档中记录的来访者信息及提供心理服务的情况(N=1179人次)进行综合整理后,本节主要对“增爱世博”心理服务项目中心理服务志愿者使用的心理服务类型和技术进行统计分析。结果发现,心理服务志愿者给来访者提供的服务包括如下几类:个体咨询(面谈和电话咨询),团体咨询辅导和训练,家庭咨询/夫妻咨询(计入到团体咨询辅导类别中),音乐放松(使用专门的音乐减压放松仪器)和心理测验(使用计算机测试软件或投射测验)。有些心理服务志愿者会在同时使用多种服务类型。表 7-4 和图 7-11[①] 分别列出了在服务的 6 个月中各类心理服务类型所使用的情况。从图表中可见，在所有的服务类型中，使用比例最高的是音乐放松，占到所有服务类型使用率的 6 成以上，其次是个体咨询、心理测验和团体类服务。

表 7-4 各月来访案例使用的心理服务类型及案例数量

月份	个体咨询	团体	音乐放松	心理测验	个询+音乐	个询+测验	团体+测验	音乐+测验	个询+音乐+测验
5	60	9	91	43	32	40	1	11	14
6	39	1	120	6	5	7	0	3	1
7	28	2	210	0	1	2	0	0	0
8	31	6	121	5	1	1	0	2	0
9	14	0	116	0	0	3	0	0	0
10	19	5	134	0	1	0	0	1	0
总计	192	23	792	54	40	53	1	17	15

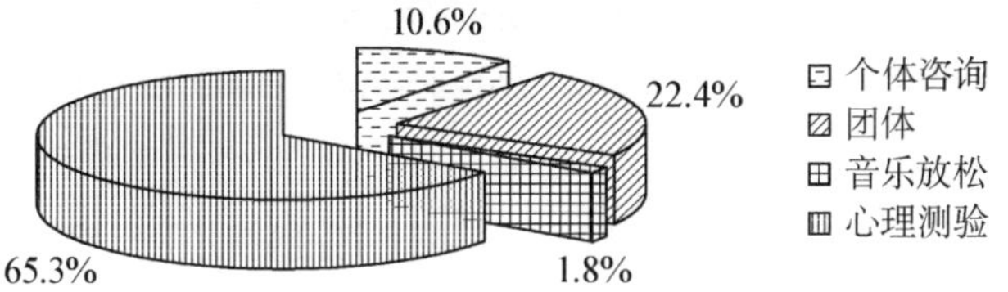

图 7-11 “增爱世博”心理服务项目所提供的主要心理服务类型及其比例

进一步考察了心理服务志愿者在提供心理测验类服务时所使用的心理测验种类(见表 7-5)。心理志愿者具体使用的心理测验包括智力测验(瑞文和团体智力测验)，人格测验问卷(MMPI，EPQ，16PF，气质测验，A 型行为测验，社交孤独问卷，艾森克情绪稳定性测验)，投射式人格测验(房树人测验)，心理症状测验(SCL-90，焦虑自评问卷，抑郁自评问卷，UPI)以及压力应对(应付方式测验)。在所有测验类型中，使用比例最高的是问卷式的人格测验(45.1%)，其次是投射类人格测验(30.1%)。

①若心理服务志愿者同时在一个案例中使用多种服务类型，则图中的统计是将所使用的每一种服务类型都分别计算入相应的服务类型中。

表7-5 各月来访案例中使用心理测验的种类

月份	智力测验	人格测验（问卷）	人格测验（投射-房树人）	心理症状	压力应对
5	7	52	45	7	5
6	4	8	1	6	1
7	0	3	0	1	0
8	0	6	0	1	0
9	0	0	0	3	0
10	0	0	0	3	0
总数	11	69	46	21	6

使用卡方检验考察不同月份中不同心理服务类型使用比例之间的显著差异（见图7-12）。结果发现，在个案咨询这一服务类型中，各月的使用比例有显著差异（$\chi_{(5,1179)}=134.77, p=0.000$）；在团体咨询这一服务类型中，各月的使用比例有显著差异（$\chi_{(5,1179)}=11.98, p=0.035$）；在音乐放松这一服务类型中，各月的使用比例有显著差异（$\chi_{(5,1179)}=208.13, p=0.000$）；在心理测验这一服务类型中，各月的使用比例也有显著差异（$\chi_{(5,1179)}=146.07, p=0.000$）。从图中可见，个案咨询、团体咨询和心理测验都有随时间推移使用比例减少的趋势，即这些服务使用比例较高的是5月和6月，之后几个月则使用比例持续保持较低的状况；而音乐放松服务则正好相反，随着时间推移使用比例逐渐上升，从五月的35.5%上升至6月的69.9%，在之后四个月内均占到当月服务的70%以上。

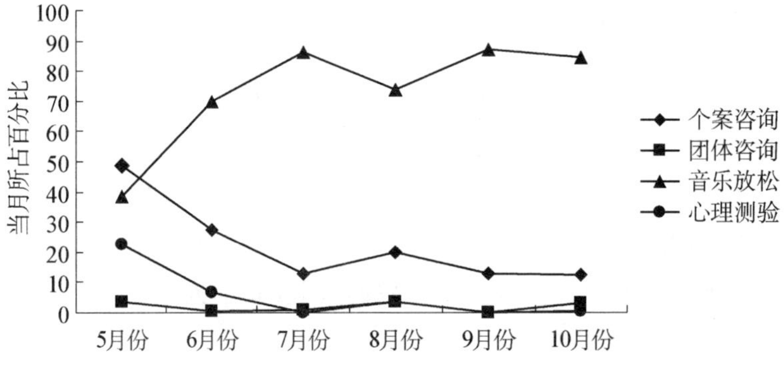

图7-12 四种服务类型在各月使用比例的拟合图

(四) 服务质量评价

本节的统计分析将主要依照《来访者回访反馈表》①中来访者所填写的内容进行分析统计，主要包括可量化的两个条目：(1)对本次咨询服务的评价，分“很好”、“较好”、“一般”和“较差”四级评分；(2)对咨询师建议的评价，分“可行”、“也许可行”和“不可行”三级评分。另还有一个开放性条目“其他意见”，邀请来访者对服务提出其他意见和看法。

图 7-13 和图 7-14 列出了来访者对咨询服务的评价和对咨询师建议的评价。从图中可见，在对咨询服务的评价上，累计有 96.2%的来访者对心理服务表示满意或较为满意，仅有 1 位来访者认为服务一般，没有来访者评价服务较差。在对咨询师建议的评价上，也有相同的趋势，即近九成的来访者认为心理服务志愿者给他们的建议可行，没有来访者评价建议不可行。从这两个来访者主观评定的指标上来看，来访者对心理服务普遍是满意的。

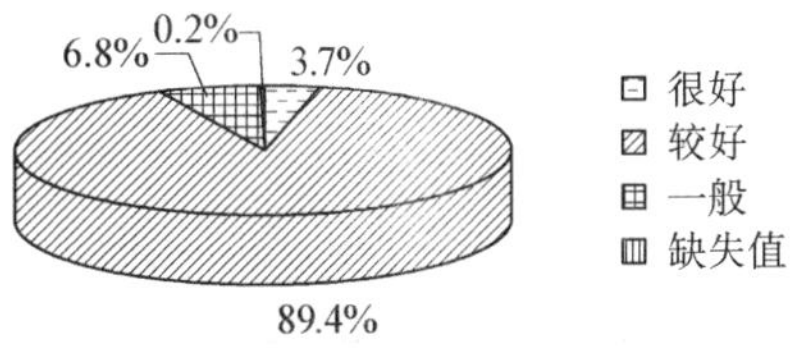

图 7-13　来访者对咨询服务的评价

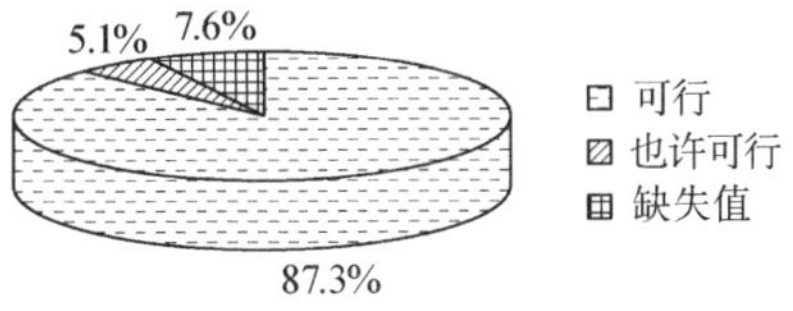

图 7-14　来访者对咨询师建议的评价

另有 38 人次的来访者在开放问题中对服务进行了评价。其中有 6 例表示总体上自己对服务很满意(例如：“非常好”，“非常舒心”，“谢谢，祝福”，“豁然开朗”)；有 12 例对心理服务志愿者的专业素质表示满意(例如：“对某老师的服务很满意，思路清晰，简单扼要，水平很高”，“老师很有耐心，很有技巧，是位很棒的心灵医师”，“效果明显，对于心理问题和障碍判断准确，非常感谢某医生”，“咨询效果良好，看问题准确，能准确挖掘出自己未能挖掘出的心理心结，感觉非常满意”)；有 12 例表示还想继续来访(例如：“还会来，感受到了专业的帮助，希望对团队中的问题也能给予帮助”，“很好，下次会再来”，“希望进一步进行咨询”，“希望下次还可以和老师有更长时间的交流，让自己心理更加坚强”)；有 6 例对服务提出了意见或进一步的要求

① 由于并非所有的来访者均对其接受的心理服务填写了《来访者回访反馈表》，因此本节分析的是填写反馈表的来访者对服务的评价，$N=638$ 人次。

（例如："多为志愿者进行心理服务"，"活动时间太短，活动内容、形式可以更深入"，"室外噪音太响，做音乐治疗时最好有耳麦"，"下次面询告知方法"）；另有2例描述了自己的感受和希望（"自己其实自信心很强"，"希望我的事情能够圆满解决"）。从这些开放性的描述来看，大多数来访者表达的是对心理服务及心理服务志愿者的满意和肯定。

表7-6列出了使用个体咨询、团体咨询、音乐放松和心理测验服务①的来访者对服务的评价情况。使用ANOVA检验考察四种服务形式在咨询服务评价和咨询师建议评价上得分的可能差异。结果发现，在咨询服务的评价方面，不同服务形式之间有显著差异（$F_{(3,508)}=4.71, p=0.003$）。进一步检验发现，个体咨询的满意程度显著高于团体咨询。在对咨询师建议的评价方面，未见显著差异（$F_{(3,484)}=0.62, p=0.61$）。

表7-6　来访者对四种心理服务形式的评价情况

服务形式	服务评价		建议评价	
	$m \pm s$	N	$M \pm s$	N
个体咨询	1.03±0.17	137	1.04±0.20	143
团体咨询	1.19±0.40	63	1.07±0.25	61
音乐放松	1.10±0.31	279	1.06±0.24	252
心理测验	1.07±0.28	30	1.10±0.23	29

同样使用ANOVA检验考察不同月份间对心理服务评价的可能差异。结果在咨询服务评价（$F_{(5,623)}=1.14, p=0.34$）和咨询师建议评价方面（$F_{(5,598)}=1.39, p=0.23$）均未见显著差异。

（五）典型案例分析

本节将选择"增爱世博"心理服务项目中典型的个体咨询案例和团体辅导训练案例，以来访问题和心理服务的干预方式为重点进行案例分析，以期从个案研究的视角为之前以量化为主的数据统计分析提供补充。

1. 个体咨询典型案例②

从前文的统计可见，在"增爱世博"心理服务项目的来访问题中，数量最多的

①此项统计仅包含使用单一服务类型的来访者评价，未包含同时使用多种服务并针对所有使用的服务进行评价（如同时进行音乐放松和个体咨询服务）的来访者。

②按照专业伦理规范的规定[1]，为了保证所有来访者的隐私，本节所有案例中来访者的个人信息均经过一定修改以避免来访者的身份被识别。

是与工作有关的困扰，包括各类工作场所的压力和职业规划问题。另外鉴于“增爱世博”心理服务项目本身是在工作场所（服务地点设立在上海世博园内）提供心理服务的项目，其功能类似为企业和组织提供心理服务的员工支持计划（Employee Assistance Program，EAP）[2]，它的工作重点是关注那些影响工作人员健康和工作表现的工作困扰和个人家庭相关的问题。因此，本节所节选的典型案例将主要呈现与工作相关的心理困扰，即工作压力和职业规划个案，大多数的这类个案都是单次来访（77.9%）或来访两次（14.4%），下文呈现案例也均是单次来访的情况。在服务中第二大类来访问题其是和各类人际关系有关的困扰，包括亲密关系（婚姻和恋爱关系），家庭问题和一般人际关系困扰，这类案例中多次来访的比例相对较高（来访次数在两次以上的来访比例在二成到三成之间）。鉴于这类案例是各类心理咨询和治疗中均常见的个案，所以就不在本节中呈现了。

在每一个案例中，首先将呈现的是来访者的来访问题和困扰，其次呈现的是作为咨询师的心理服务志愿者进行的处理，最后呈现的是对个案的总结和点评。

- **典型个案1:工作压力个案**

案例回放

姚女士是世博会某部门的工作人员，因为部门工作要求比较高，又比较繁琐，还常常会出现突发的变动，姚女士感觉工作压力很大，整日担心工作中会出现错误（尽管姚女士至今都没有出现任何工作上的错误），觉得十分焦虑，有失控的感觉，对自己不再那么自信，还出现了失眠的情况。

姚女士之前是经过几次选拔而从原先单位借调进入这个部门工作的，在原先的工作岗位中，她表现得一直比较出色，和同事的关系也比较融洽。这次由于世博会的关系，姚女士不得不离开自己的丈夫和孩子，她一方面很思念家人，一方面也因为无法尽到自己做母亲和妻子的责任而感到内疚。现在姚女士的工作责任比之前更大，而工作中的人际关系也比之前复杂，同事大都来自不同的地方，部门中的管理头绪很多，权责也不如之前清晰，姚女士觉得和同事沟通起来不那么顺畅，甚至觉得自己和有些同事的思维方式都有很大差异，因此工作场所的人际关系也成为了让姚女士感到压力的来源。

咨询师的处理

咨询师评估姚女士本身属于个人能力较好，自尊比较高，责任心也比较强的人，而目前姚女士的工作环境及工作任务本身很难改变，因此咨询师决定从她的认知层面入手，改变姚女士看待工作和自己的焦点，让她更多关注在工作和自己身上积极的方面，激发她本身具有的应对能力和自我效能感。

咨询师和姚女士探讨了世博会的这份工作给她带来的收获和意义，姚女士表示这的确是一个机会，自己能参与是很幸运的，而且这份工作也开拓了自己的视野，和不同思维方式的同事相处能让她更好地换位思考，变得更宽容。

咨询师还和姚女士探讨具体在行为层面如何更好地和家人、原单位的领导及现在的同事沟通。姚女士觉得自己可以和原来单位的领导沟通一下，让他们多关注一下自己的家庭；可以多和目前的同事分享一下工作中成功的经验，再分析一下失误的环节以便更好地完成工作任务；还可以多和家人通通电话，尤其是和孩子讲讲自己世博会上的经历，也可以把自己在世博会的工作经历记录下来，制作成一份给孩子的礼物，以这样的形式让孩子感受到这份特殊的母爱，减少自己的内疚感。

点评

在心理学中，压力又称之为应激，指的是一个人知觉到（真实存在或想象中的）对自身的心理、生理、情绪、精神造成威胁时的体验，这种体验会导致一系列生理和心理的反应及适应[3]。工作压力作为个人生活中所能遭遇的压力之一，就像是在姚女士的案例中呈现的那样，显然会对个体的身心健康和工作表现造成消极的影响。在对工作压力的研究中，心理学家一直都十分注意对工作压力/应激源的研究，即在工作场所中对个体的适应能力进行挑战，让个体产生压力反应的因素，而这些压力来源可以大致分为环境因素、组织因素和个人因素三个部分[2]。

在姚女士的个案中，根据她的描述，我们可以发现的压力来源主要集中在和组织有关的因素，例如工作任务要求高，工作角色不明晰，人际关系较为复杂，组织中的管理责权不够明确等，而这些组织有关的因素本身多与上海世博会这类大型公共服务活动的特殊性质有关。这些活动因其特有的时限性和规模庞大的特点，需要众多的工作人员，但又无法为这些工作人员提供长期的工作岗位，借调或临时招募就成为了工作人员的重要来源之一。这种“拼接组合”式的员工构成形式对于组织机构和组织机构中员工的副作用在姚女士的案例中就体现了出来。

姚女士的另外一个压力来源是所谓的家庭—工作冲突[2]，世博会的工作让姚女士不得不暂时离开家庭前往另一个城市工作，这加剧了工作的需要同家庭的需要之间的矛盾,直接的表现就是姚女士作为一个员工和作为妻子及母亲的角色之间出现了更明显的冲突。远离家庭和原先工作环境的另一个潜在危险是减少了姚女士的社会支持。这一加一减可能会使得姚女士更容易体验到工作压力。

一个人是否表现出工作压力除了和压力来源有关之外,还会取决于多种因素,例如这个人的人格特点、认知评价、应对方式、社会支持程度等[2,3]。在单次的咨询过程中,咨询师和姚女士都无法改变姚女士目前所身处的组织机构环境,而咨询师在简单评估之后,认为姚女士本身的整体社会功能水平、工作能力和自尊都不错,所以采用了积极取向的短程咨询技术[4],在咨询中尝试改变姚女士的个人认知(如看到世博会工作给自己带来的积极意义)和她体验到的社会支持程度(增进和原先重要支持来源,例如家人和同事的联系和关系质量),让她重新看到自己在处理工作方面的能力和资源,从而能更主动去应对压力源。

- **典型个案2:工作压力个案**

案例回放

小林是世博会某场馆的一名保安,每天要组织游客排队,还要对在游园时有不当行为的游客(如插队、乱扔垃圾等)进行劝阻。由于每日进入世博园参观的游客众多,小林每天要工作很长的时间,中间很少有个人休息的机会,这让小林在体力上消耗很大。但让小林最为苦恼的并不是身体上的疲倦,而是在工作过程中承受的心理压力。小林感叹在世博会做保安实在受了不少委屈,除了担心游客在游园过程中发生意外而必须时刻神经紧绷之外,最让小林难以面对的是来自游客的不理解甚至是攻击。小林提到,有好几次场馆接待人数已满,不得不婉拒还在排队等候的游客,虽然大多数游客表示理解,但有少数游客不愿接受,还会硬闯,在受到小林和他的同事阻拦时,对方轻则口出脏话,或对小林和他的同事进行人身攻击;重则还会对小林和他的同事挥舞拳头,发生肢体上的冲突。当遇到这种情况时,小林感觉到自己实在不知道如何应对,觉得自己似乎没有办法和这些游客沟通,有时被对方辱骂后,也觉得难以克制自己的火气。小林认为自己是在尽自己的工作职责,自己并没有错,但却得不到游客们的理解和尊重,还被少数游客视为“出气筒”,把游园过程中的不顺利归咎于自己。小林还担心,长此以往这样受闷气会不会让自己出现心理问题。

咨询师的处理

咨询师首先了解了小林在世博会之前的工作情况,询问小林是否曾经遇到过相似的情境,他又是如何处理的,尤其是询问小林之前成功处理过类似情况的经历。小林表示自己一般都会强忍不快,在下班或休息时和同事一同聊聊一天工作中遇到的不愉快,发泄一下不满,又获得一些彼此的支持,这让小林感觉会好一些。

咨询师肯定了小林这种寻求同伴支持的策略,也肯定了小林的确需要在工作中适当伪装出较为积极或至少是中性的情绪状态。咨询师还和小林做了三部分的讨论:首先是和小林讨论如何在面对紧急情况的时候较快地平复自己的情绪,并教给小林一些行为上和认知上的策略,例如深呼吸,不去指责对方以免冲突升级,分心策略,寻找同事帮忙等;其次是和小林讨论如何在工作之余多放松身心,哪些情绪宣泄策略是有益的;最后,咨询师和小林讨论了一下小林在这份工作中的收获和对自己满意的地方,增加小林对工作的积极情绪和工作满意度。

点评

小林的案例很好地诠释了在职业健康领域的一个较新的概念——情感劳动(emotional labor)。这一概念和服务行业的发展有很大的关系。因为服务行业的对象是人,因此在工作中需要表达特定的积极情感。按照美国学者Grandy的界定[2],情感劳动指的是员工为了达到企业的要求去调节内心的情感和表达情感的过程。服务行业要求员工表达出正面的积极情感,但员工并不是在所有时刻内心都有这类积极的情感,为了达到企业的要求,员工就必须进行情感的调节,要不就是伪装积极的情感,要不就是压抑消极的情感。研究者发现,员工一般会有三种策略来完成这种情感劳动:表层表演,即不改变内心的情感,只是在外表上尽力按照要求表现某种情感;深层表演,即采用各种方式努力改变自己内心的情感,从而表现出需要表现的情感,例如以更积极的态度去看待服务对象;最后是自发的情感行为,即员工需要表现的情感与他们内心的实际感受一致,因而能自发地表现出所需要的情感,例如医护人员看到病人痛苦时自发地表现出同情心[2]。

小林所从事的保安工作也属于服务行业,而且属于和服务的对象仅有短暂接触性的服务行业,研究者发现在这种环境下,对服务对象表现出积极的情绪能让对方感受到积极的情绪,对服务更满意;但在这种短暂性接触的环境中,服务人员的情感表达到底是否真诚并不影响服务对象对服务质量的评估,而且当服务对象对服务不满意时,服务人员表达正面的情感也并不会影响到对方对服务质量的评估。所以从这个角度来看,企业首先要考虑的是提供让服务对象满意的服务结果,其次才是服务人员的情感表达情况[2]。上海世博会因为参观人数众多,因而会出现排队等候时间过长,或必须限制入馆人数的情况,不免导致一些游客,尤其是远途游客会出现不满。严格来说,这和小林的服务行为并没有太大的关系,而小林也无法在自己的岗位职权内去改善这一状况,但却需以相对积极的情感状态来承受服务对象的消极情绪甚至是攻击行为。相关研究也表明,大量的情感劳动很容易让服务人员过度消耗自己的情感资源,导致服务人员的情感耗竭,工作满意度下降甚至出现去人性化的现象(即把服务对象看成是一个物品,而非是人来对待)。小林觉得自己面对游客的消极情绪甚至是攻击行为不得不“忍气吞声”,因而担心自己会因此出现心理问题,这种担心其实也不无道理。小林高负荷的情感劳动的确有可能让他出现情感耗竭,表现出缺乏兴趣,自我价值感降低,易激怒等症状[2]。

小林自己的处理方法是寻找同事的支持,除此之外,他似乎没有什么其他的办法来调节自己的情绪。在干预中,咨询师主要做的工作是强化小林现有的应对资源(社会支持),然后教给小林一些行为和认知层面调节自己情绪的方式,尤其是面临急性压力情境时(例如游客辱骂小林或准备出手打小林)。

小林的困扰绝非少数,所有窗口服务人员,包括志愿者都会遭遇类似的来自游客的“情绪风暴”。除了为这些服务人员提供个体咨询服务外,可能更有效的是在选拔和培训环节花一点功夫,在选拔重要的服务岗位上也对候选人的情感调节能力进行评估;可以给这些服务人员传授一些沟通和情绪管理的技能,以及在紧急情况下的危机应对技能,还可为情感劳动量很高的服务人员设立支持性的小组会谈,就像小林和他的同事自发做的那样。

- **典型个案3:工作压力个案**

案例回放

小章是某大学三年级的学生,也是世博会许多“小白菜”之一。小章做志愿者已经一个多月了,但在一开始的兴奋劲过了之后,小章开始感到志愿者这份工作的压力。小章是自愿报名参加志愿者工作的,但是后来发现,工作地点离开学校十分遥远,路上要花费很长时间,晚上回到学校常常很晚了。小章本来打算利用假期准备一下外语考试,但按照现在这个情况,小章觉得自己的学习时间完全不够。小章想向自己的辅导员请假,但是辅导员不允许,小章为此很是烦恼。另外一个让小章烦恼的事情是,小章的岗位安排在下午,有时候小章为了节省在路上的时间,会随学校的班车进入园区。但园区提供给志愿者的休息室太小,小章无处可休息时只能在世博园内到处转转。小章知道有些志愿者会乘此机会去各个场馆看一看，但又听到自己同学说有几个志愿者因为去参观而被没收了志愿者证。小章也担心自己是不是会因为不在岗而被没收志愿者证。小章觉得做志愿者是很光荣，自己也很尽责，但因为学业和志愿者工作的冲突，再加上许多规章制度不明确，这都让小章的"小白菜生涯"变得不那么舒心了。

咨询师的处理

小章来访时情绪比较激动，咨询师首先通过倾听和共情让小章的情绪得到一定的纾解。咨询师在询问之后，评估小章的主要困扰还是在学业和志愿者工作相互冲突之上，所以咨询师把重点放在处理这个困扰上。

咨询师和小章讨论后发现，小章的确难以请假或和其他同学换班。小章承认自己在报名时也并没有料想到志愿者工作会花费那么多的时间和精力。在确认减少工作量这条路行不通之后，咨询师和小章开始讨论如何能提高小章的学习效率。咨询师邀请小章回想之前小章成功提高学习效率的经验，小章发现，自己可以利用上下班途中的时间练习听力和背单词，自己过去在上学途中也那么做过，效果还不错。

点评

小章作为一名在校学生志愿者，所遇到的困扰是学业与志愿者工作的冲突。小章的这种冲突在志愿者中并不少见，而在小章身上可以看到的是，导致小章出现这种冲突的很重要的原因之一就是小章并没有在一开始明确地评估志愿者的工作所需付出的时间和精力，因而在某种程度上"高估"了自己的承受能力。另一个原因是，当小章发现自己实际上没有那么多时间去从事志愿服务时，他完全没有办法通过请假或换班的方式来暂时减少工作量，这让小章的志愿者服务从"主动参与"变成了"被动承受"，加剧了小章的不满和焦虑情绪。此外，小章也提到了志愿者管理中存在的一些混乱的情况，相关规章制度不明确在小章心理冲突小的时候可能并不会给他带来太大困扰，但当小章体验到学习和志愿服务的冲突时，这些"小"问题就成了"大"压力了。

纵观近几年在国内举办的大型活动，高质量的志愿者服务已经成为了大型活动成功与否的标志之一。2008年奥运会的志愿者服务显然是整个奥运会的亮点之一。但在这些光环背后，志愿者们也有自己的烦恼。目前绝大多数的大型活动的志愿者主力都是在校大学生，和已经工作的志愿者或专业志愿者不同的是，这些在校大学生对志愿服务的理解，从事志愿服务的动机以及处理压力和情绪调节的能力都还有待提高。撇开“被志愿”的情况不谈,在积极主动加入志愿者行列的学生志愿者中,体验到“激情燃尽的日子”的人并不在少数。高强度和单调的服务工作,或遭受游客的消极情绪压力甚至肢体暴力,以及工作时间灵活度低都可能让志愿者出现工作倦怠的情况。实际上,国外研究已经发现,即便志愿者会因为内在的服务动机很高而较少体验到工作倦怠的症状,但志愿者也的确会出现工作倦怠[5]。

咨询师在这次咨询中通过和小章探讨之前他成功应对相类似问题的经验来尝试寻找到小章应对学业和支援服务工作冲突的方法。比较幸运的是,小章的确有类似的成功经历,可以迁移到目前的困境中去。如果小章无法那么快地寻找到提高效率的可能性,那咨询师就会需要花费更多的时间来处理小章的消极情绪,或者会和小章来讨论放弃参加外语考试的可能性。

作为一个大型活动,如何“善待”和“善用”志愿者,让志愿者不要成为“廉价劳动力”和“泪汪汪的小白菜”,实际上这是一个十分值得思考的问题。高内在服务动机和高综合素质是志愿者一贯的优势,但大型活动的组织方并不能默认在校大学生作为志愿者就具备了足够的内在动机,也做好了从事志愿服务的心理准备。小章就属于心理准备不足的志愿者,而如果在招募时他能获得更明确的信息,例如服务工作时间的长短、不能换班的规定等,他可能就会重新考虑自己的选择了。在志愿者培训时也需要加入心理教育的部分,包括如何应对人际冲突,如何进行时间管理和压力管理。此外,为大型活动工作人员提供的心理服务也要将志愿者包括在内。实际上,“增爱世博”心理服务项目在最初并不是面向志愿者的,但在服务过程中,志愿者的来访让心理服务志愿者意识到志愿者群体也同样有心理服务的需求。

- **典型个案 4:工作压力个案**

<u>案例回放</u>

钱先生是世博会某场馆的工作人员,因为自觉压力很大,头绪太多因此想来咨询一下。钱先生之前是通过公开招聘进入世博会某场馆工作的,现在世博会临近尾声,钱先生面临“双向选择”,对自己未来“何去何从”十分迷茫,不知道自己今后的职业该如何规划。钱先生说自己的这种对前途的迷茫和困惑在自己的同事中也挺普遍的,钱先生有几个同事是从不同单位借调过来工作的,有的人已经工作一年多了,和原先单位的合同也到期了,虽然续签了,但在原单位的岗位实际上已经被其他人占了,世博会结束后回原单位也不知道如何继续工作。钱

先生表示,虽然大家都觉得世博会的工作对于自己的能力提升有帮助,也可以作为一个职业上的机遇,但如何把握这个机遇,其实钱先生和同事们都很迷茫,尤其是如何处理好"后世博"的职业规划,大家更是没有什么清晰的想法。

咨询师的处理

咨询师简单评估钱先生的困惑后,认为钱先生对职业前景的忧虑目前集中在"双向选择"过程中自己是否应该努力争取留在世博局工作。咨询师先通过和钱先生讨论自己原先的教育背景、兴趣爱好以及性格特点来帮助钱先生对自己的优势和劣势有更多的了解,然后和钱先生讨论了对目前所工作的机构的情况和其职业前景,从而帮助钱先生对目前的职业岗位有更好的了解。咨询师希望通过这两方面的讨论能帮助钱先生做出一个初步的决策。咨询师还给钱先生留了回家作业,让钱先生对自己在职业上的优势和劣势列出一个清单,并在这次咨询讨论的基础上给自己设立一个初步的职业规划,在做这个规划过程中,可以询问一下同事或朋友的意见。由于钱先生提到自己因为心里着急所以最近休息的不太好,咨询师还教给钱先生一下放松的行为技术,并邀请钱先生之后再来咨询。

点评

就像钱先生所说的那样,他的同事也有和他类似的对职业前景的忧虑。在前文的来访问题统计中也可以看到,随着世博会临近结束,这类因不知世博会之后自己的职业前景如何的职业规划个案明显上升。世博会结束意味着世博局的许多工作岗位就此消失,借调的员工将返回原先单位,招聘的员工可能面临转岗或需要重新寻找其他的工作。钱先生属于后者,而在来访的职业规划案例中,有一半的来访者属于前者,他们的困扰很多是因为在长时间借调之后,自己原先的岗位已经消失或者被人占据了,不知道回到原先单位将会面对何种局面。我国的大型活动在人力资源管理上都会运用一定的行政手段,借调就是其中的一种做法。这样的好处是能在一定时间内保证人力资源的调配,但就像计划经济一样,也会产生后续人力资源管理上的问题。钱先生和他同事在职业规划上的困惑实则折射出了大型活动中人力资源管理上的软肋。

尽管近十年来,职业规划的理念和职业教育在高校逐渐普及,许多高校都成立了就业指导中心,并开设专门的职业生涯规划课程;同时,职业咨询作为一种新兴的行业也开始发展;但对于许多职场中的员工和企业机构来说,给自己做职业规划或考虑员工的职业规划仍然是个新想法。缺乏对自己的了解,也缺乏对行业本身的了解,再加上被动等待上级安排的观念,自然会产生像钱先生这类的烦恼。在咨询中,咨询师所做的也是促进钱先生在上述两方面的思考和认识,从而推动钱先生做出选择。

- **典型个案5:工作场所中的人际冲突**

案例回放

娜娜是世博会园区中的一名服务人员,在工作中因为一位同事“损人利己”的行为而十分愤怒,感到委屈,不知如何处理,所以前来咨询。据娜娜讲,原先自己和一位重要客户的关系十分密切,但那位同事在背后说自己坏话,还在供货商面前讲自己的不是。娜娜一方面忙着修复和客户的关系,一方面还要面对这位同事,这让娜娜心力憔悴。

咨询师的处理

娜娜来访时情绪很激动,咨询师首先共情她的感受,确认她在这种处境下有这种愤怒和委屈是十分正常的,肯定了娜娜先以工作为重的工作态度。随后咨询师和娜娜探讨,面对这种伤害娜娜该如何处理。咨询师和娜娜讨论了三种可能的办法,首先是向领导反映,争取支持;其次是当面和同事沟通;三是自我调整。娜娜觉得自己三种方法都很难做到,娜娜认为对方道歉是自己心境改变的前提,但又认为对方一定不会道歉,自己也不想和对方沟通。咨询师在这种情况下温和地指出娜娜似乎把自己心情是好是坏这个决定权交给了别人,让自己在这种局面下什么都无法改变。娜娜表示同意咨询师的看法,或许暂时也只能自己调整情绪了。

点评

娜娜和她同事之间的冲突也是在工作场所中常见的困惑。咨询师采用的是短程咨询中以问题解决为焦点取向,在通过倾听和共情建立了咨询关系后,立刻就着手开始处理娜娜的人际问题。但在和娜娜讨论可能的解决方案时,娜娜对所有的方案都持否定的态度,这让咨询陷入了某种僵局之中。咨询师在此时采用了对峙的技术,指出娜娜似乎不愿意为自己的情绪改变承担责任。尽管娜娜同意咨询师的想法,但并没有能借此机会深入讨论娜娜这种态度背后所反映的某种人格特点,或在这次人际冲突中所折射出的娜娜的人际交往模式。

由于“增爱世博”心理服务项目在服务时间和内容上的限制,只能提供短程的咨询服务,而且当遇到无法在短程治疗的框架下处理的个案时也无法像一般的EAP服务那样,提供顺畅的转介机制。这种服务设置上的限制会影响来访者对咨询师的信任,也十分考验咨询师的临床能力,还会带来一些专业伦理上的隐患。例如个别来访者会希望心理服务志愿者在项目之外给他们提供服务，但在项目之外的“私人”服务会牵涉到场地、时间、收费以及保密等多种问题，因此项目并不鼓励心理服务志愿者在项目外继续给来访者提供咨询服务，但也并未禁止。如何能在有限的服务设置下更好地为来访者提供服务，尤其是创造转介的机会，是今后这类服务需要思考的。

2. 团体辅导/训练典型案例

在本次“增爱世博”心理服务中，心理服务志愿者共提供了23次同时面向多名来访者的服务。在之前的统计中，为了方便起见，把为夫妻/伴侣或家庭提供的服务也计算入内，在一般的心理咨询和治疗中，这两种服务形式是单独分类的。在本节内容中所呈现的团体辅导/训练类的服务则遵循更为标准的界定，指的是“运用团体动力学的知识和技能，由受过专门训练的团体领导者，通过专业的技巧和方法，协助团体成员获得有关的信息，以建立正确的认知观念与健康的态度和行为的专业工作”[6]，而这里的团体则指的是两个人以上的集合体，且团体成员之间会产生交互作用，并且有统一的目标[6]。按照这一界定，则整个服务期间，心理志愿者共为包括世博会工作人员和志愿者团体在内的12个不同的工作团体提供了团体辅导/训练类的服务，团体规模在3人～103人之间，服务的主题包括了缓解工作压力、情绪调节以及自我认识与职业规划的主题。

典型案例

世博会某部门发现自己的员工在近期工作中普遍感到压力很大，部门士气也有些低迷，因此希望“增爱世博”心理服务项目能为部门的员工提供团体减压的服务，要求能提供一些简单易行的减压方法，时间在90分钟左右。

“增爱世博”心理服务项目的四位心理服务志愿者参与了这次团体减压培训。团体培训大致分为三个环节：(1)有关于情绪识别和压力应对的开场讲授并简单介绍“增爱世博”心理服务项目，大约20分钟；(2)放松训练活动，大约15分钟；(3)心灵SPA——缓解压力的技能讲授：包括了“情绪为何如此难缠”，“调整心态的‘五好’法”，“注重非言语沟通的技巧”以及“催眠放松体验和解压方式分享”四部分组成。

参与培训的共有27名工作人员，在事后对服务的评价中，认为咨询服务“很好”和“较好”的比例分别为74%和22%，1人未做评分；认为咨询师的建议“可行”和“比较可行”的分别为85%和11%，1人未做评分。

第三节 讨论

本章借由分析“增爱世博”心理服务项目在为上海 2010 年世博会工作人员开展专业心理服务的 6 个月过程中的档案记录,期望从对这些档案的数据整理和分析中,对本次心理服务项目的实施质量和效益进行评估,也期望总结和提炼出一些上海 2010 年世界博览会这类大型公共活动在心理服务方面的需求特征,从而为后续类似大型公共活动中的心理服务规划及实施提供参考。

本章针对不同的文档数据采用了量化统计和内容分析的方法,从来访的数量及来访者的人口学特征,来访的问题类型及影响因素,所采用的心理服务类型和技术,来访者对心理服务的质量评价以及典型案例这几个方面做了具体的数据统计和分析,也得出了一些有价值的结果。

首先,从来访者的人数和人口学特征来看,“增爱世博”心理服务项目的使用率和服务覆盖面还是值得肯定的:在 184 天的服务时间中,心理服务项目的总接待来访量为 1184 例,累积服务的人数超过 1582 人,最高日接待案例数 27 例,平均每日接待案例数 6.51±4.34 例,最高日服务人数 112 人,平均每日服务人数 8.69±11.44 人。由于无法得知整个世博会的工作人员总数,这里只能用上海 2010 年世界博览会的官方网站中登记的世博会志愿者人数来推算“增爱世博”心理服务项目的使用率。按照官方网站上的数据,世博会园区中的志愿者共有 79965 人[7],而“增爱世博”心理服务项目中来访的志愿者至少有 103 名①,则项目的使用率在 1.3‰以上。而从来访者的职业信息上也可以发现,这些来访者中既包含了世博会各类工作人员,也包含了世博会的各类志愿者。

其次,从来访的问题类型上来看,来访问题构成符合“增爱世博”心理服务项目本身类似在工作场所提供的 EAP 服务的特性[2],也表明大型公共活动的确需要专业心理服务的介入。“增爱世博”心理服务项目所处理的来访问题以工作相关议题为多,无论是来访者在预约登记中勾选的来访问题,还是从个体咨询记录中反映出的来访问题来看,与工作相关的问题(包括各类职业压力和职业规划困扰)占到所有来访问题的一半左右;其次是各类人际关系方面的困扰,约占三成。

---

①仅按照预约登记表上的数据统计,未包括在 7 月后单独使用音乐放松服务的 587 名来访者信息,因而实际来访的志愿者人数估算在 200 名左右,服务使用率在 2.5‰。

进一步数据分析还发现，不同服务月份中来访问题类型构成也有一定差异，例如因工作压力而前来寻求服务的高峰在世博会最初开幕的两个月，即5月和6月，随后下降到闭幕前的10月又有所上升；因职业规划方面有困扰而来访的比例则随着时间推移不断上升，到闭幕前的10月达到高峰。将这一统计结果结合个体咨询中相关案例的记录综合分析或可以推断，这种问题来访模式反映出了大型公共活动中工作人员对心理服务需要的一种模式，而若从具体的来访问题内容上来分析，则也在不同程度上折射出了大型公共活动在人力资源管理上的一些薄弱环节。

第三，从使用的心理服务类型和使用情况上来看，“个体服务”和“短程干预”是“增爱世博”心理服务项目的主要特点，团体类的培训辅导（占所有服务类型的1.8%）以及中长程的个体咨询（超过七成的来访者为单次来访）都相对少见，在具体技术采用上，积极取向和认知行为层面的技术使用也是比较明显的趋势。这种服务特点也是EAP服务的典型特点[2]。进一步分析还发现，随着时间的推移，音乐放松训练的使用比例逐渐增高，但为何这一服务类型的使用比例逐渐增高，从目前的数据来看难以有合理的解释。此外，心理服务类型的使用似乎和心理服务志愿者本身的个人偏好有一定的关系，例如在服务的第一个月中，房树人这一投射测验使用了45人次，而在之后的7～10月份中则一次未使用，进一步检索文档记录发现，所有这些测验几乎都是一位心理服务志愿者所提供的。

第四，从来访者对心理服务的质量评估上来看，“增爱世博”心理服务项目的服务质量还是得到了来访者的普遍认可。按照《来访者回访反馈表》中的两个评估条目的结果来看，在对咨询服务的评价上，累计有96.2%的来访者对心理服务表示满意或较为满意；在对咨询师建议的评价上，近九成的来访者认为心理服务志愿者给他们的建议可行；此外，也未出现任何针对心理服务的投诉情况。当然，上述简单的主观满意度的评价只能反映出整个心理服务项目总体质量和效益的一个方面，但鉴于对类似EAP的心理服务项目效益评估本身是比较困难的[2]，再结合服务使用率上来看，“增爱世博”心理服务项目的实施质量及效益还是有一定保证的。

综合这些结果，回到本章之初拟回答的两个问题，首先就大型公共活动在专业心理服务的需求特征而言，可以总结出三个特征：(1)在需求类型上，与工作表现相关的议题，包括各类工作压力、职业倦怠和职业规划困扰仍是最突出的需求，其次是和员工的个人生活有关的困扰，包括亲密关系、家庭关系、一般人际关系，因较为严重的心理症状或心理障碍，例如严重的躯体化症状、抑郁症或焦虑障碍而前来寻求帮助的相对稀少，但并非完全没有这样的来访案例。(2)从造成困扰的原因和机制方面来看，以与工作表现相关的困扰为主要分析对象，则可发现，造成这些困扰的主要原因之一是来自组织机构方面的因素，这些因素和我国大型公共活动本身的运作模式，尤其是人力资源管理上的特点不无关系；其二是个人或团体缺乏在压力管理、人际沟通、情绪调节、危机事件处理等方面的知识和技能。(3)从时间的维度来看，在大型活动举办的不同阶段中，对心理服务的需求也会有所变化，活动初期工作减压和增进工作场合的人际沟通技能的需求可能更突出；如果活动运行平稳，则在活动中段，员工的个人生活困扰会成为来访的重要主题；而在活动进入尾声时，因为长期高负荷工作而带来的职业倦怠，因活动即将结束而出现的职业发展困扰，以及因工作团队即将解散而出现的分离和告别议题会成为来访的重点。

其次，就“增爱世博”心理服务项目的质量和效益而言，总体而言作为我国大型活动中首个专业心理服务项目，“增爱世博”心理服务项目的实施是成功的，服务对象对于这一服务项目普遍持欢迎和满意的态度。但也应该看到的是，从提供的服务类型上来看，本次服务项目是以个体服务为主，较多从事的是二级预防的工作，即为个体提供咨询服务和帮助，从而防止现有程度较轻的困扰或症状转变为慢性的心理症状或障碍[2,8]，这样的服务无论从覆盖的人群来看，还是从预防的效果来看，相比一级预防策略，即直接改变工作环境中压力源，增加员工相关知识和应对技能的心理教育来说，还是有其局限的。更多提供一级干预层面的服务或许应是未来大型公共活动中心理服务项目的方向，但这也意味着这类专业心理服务在运作模式上会和系统的 EAP 服务更接近，甚至超越 EAP 的传统服务范围。为了达到良好的效益，心理服务的提供者需要和公共活动的组织者有更密切的合作关系，并能参与到整个活动从策划到组织到实施到最后落幕收尾的过程当中，不仅为大型公共活动中个体员工/志愿者或工作团体提供专业的心理服务，而且也能在组织机构层面为主办方提供相应的心理服务。

参考文献

[1] 中国心理学会临床与咨询心理学专业机构与专业人员伦理守则制定工作组.中国心理学会临床与咨询心理学工作伦理守则(第一版).《心理学报》,2007,39(5):947—950.

[2] 宋国平、汪默.职业健康心理学.南京：东南大学出版社，2010.
[3] Butcher J. N.，Mineka S.，Hooley J. M.《Abnormal Psychology》(12th)，北京：北京大学出版社，2004.
[4] 许维素.焦点解决：短程心理治疗的应用.北京：世界图书出版社，2009.
[5] Fuertes F. C.，Jimenes M. L. V.. Motivation and burnout in volunteerism. Psychology in Spain，2000，4(1)：75—81.
[6] 樊富珉、何瑾编著.团体心理辅导.上海：华东师范大学出版社，2010 年.
[7] 中国 2010 年上海世博会官方网站 http://www.expo2010.cn/abzyz/indexjn.htm.
[8] WHO. Prevention of Mental Disorders：effective interventions and policy options-summary report. 2004.

附录 7－1：预约登记表

编号：

申请日期：　年　月　日		咨询形式：□ 面询　□ 电话咨询
姓名：	性别：□ 男　□ 女	婚否：□ 未婚　□ 已婚　□ 离婚
职业：□ 在校学生 □ 教师 □ 公司职员 □ 医生 □ 公务员 □ 其他________		
学历：□ 高中及以下　□ 大专　□ 大学　□ 研究生　□ 其他________		
出生日期：　年　月　日		
联络方式：手机________　固定电话________　Email：________		
联络时，可否表示我们是心理咨询中心？　□ 可　□ 否		
是否曾做过心理咨询或心理测验：　□ 做过　□ 没有（如有，请勾选）		
□ 个别咨询（咨询师：________，前来时间：________） □ 心理测验（测验名称：________） □ 其他________		
对咨询师有无特殊要求：□ 由中心安排　□ 男　□ 女　□ 其他________ 本次预约的咨询师：________ 拟咨询的时间：　月　日　时（或）　月　日　时		
本次前来咨询中心的渠道：　□ 自行前来　□ 组织安排 □ 其他，请说明：________		
问题分类（可复选） □ 岗位困扰　□ 婚姻家庭　□ 工作压力　□ 职业倦怠 □ 人际关系　□ 其他：________		
请简述您前来的原因，或者期待：		

附录 7－2：服务确认书

亲爱的来访者：

为了保证咨询效果，请您咨询阅读以下事项，并签名确认您已知悉、认可和接受本确认书所列的各项描述。谢谢您！

一、关于服务

（一）我明白：增爱世博心理咨询室所提供的是非药物的专业心理咨询与治疗服务，其工作流程与方式有别于传统的医疗模式。咨询师将会用专业的心理干预手段进行咨询与治疗；

（二）我同意：接受增爱世博心理咨询室______咨询师为我的咨询师，我愿意对自己的选择或行为负责，愿意与咨询师一同努力，制定并达成合理的咨询或治疗目标；

（三）我了解：增爱世博心理咨询志愿者提供的是免费咨询服务，每次咨询时间一般为50分钟。

二、关于保密

（一）我了解：咨询中所涉及的我的个人隐私及相关资料，都将受到严格保护，不会在任何场所公开，下列三种情况除外：

1. 经过我书面同意；

2. 法律规定的例外情况；

3. 对个人隐私作严格技术处理后，不涉及具体人物的心理教学、研讨及撰书。

（二）我了解：咨询师为了更好地帮助我，有时会对咨询过程进行录音、录像。我 □ 拒绝 □ 同意由咨询师与我商量决定录音、录像。

我确认：我已读过、已明白和同意以上全部内容。

（请签名，写上日期，并保留一份）

签名：______________

日期：____年__月__日

附录 7 - 3：咨询记录表

来访者：　　　　　　　　　　　　咨询师：

咨询日期：　　　　年　　月　　日　　　时

咨询记录：

下次预约日期：　　年　　月　　日　　　　时

附录7-4：治疗反馈表

咨询日期：　　　　　2010年　　　月　　　　日

咨询时间：　　　　　　　时　　　分至　　　　时　　分

来访者姓名：

咨询师姓名：

对本次咨询服务的评价：　□ 很好　□ 较好　□ 一般　□ 较差

对咨询师建议的评价：　□ 可行　□ 比较可行　□ 不可行

其他意见：

第八章

“增爱世博”心理服务项目的实施：志愿服务者的视角

在第七章中，通过对“增爱世博”心理服务项目的来访文档所进行的资料整理和数据分析，主要从服务对象——中国 2010 年上海世博会的工作人员和志愿者——的视角对这一心理服务项目的质量和效益进行了评估，并总结了这些服务对象对心理服务的需求特征。在这一章中，则将从“增爱世博”心理服务项目实施者，即心理服务志愿者的视角来同样尝试回答第七章的这两个主要问题；此外本章也将考察这些从事专业服务的志愿者的志愿服务体验，尤其是志愿活动对他们的自我身份认同(self-identity)的影响，以及这类专业性很强的志愿服务可能存在的问题。自我认同又称自我同一性，一般指的是个体在过去、现在和将来的维度上对于“我是谁”的探索和体验[1]，在心理学领域中，这个概念最早是由著名心理学家埃里克森在 20 世纪 60 年代提出的，他认为自我认同在结构上可由三方面的因素构成：首先是个体生物学因素(内在和外在生物属性)，其次是个体心理层面的因素，最后是社会和文化的因素；马西亚(Marcia)则在埃里克森的基础上进一步把自我认同分为了探索和承诺两个维度，并开启了对于自我认同的实证研究[1]。

志愿活动一般指的是无偿或近乎无偿地将自己的时间和经历投入给有益于其他个人、群体或事业的活动[2]，志愿行为一般会在某个组织的背景下发生，从事志愿行为的人在投入活动之前经过了认真的思考，志愿行为也会具有自愿性、计划性、长期性、组织性、非营利性以及互动利他性的六个特征[3]。在目前国内的志愿活动中，青年学生志愿者，尤其是大学生志愿者无疑是其中的主力军，尽管其他年龄段和职业的志愿者人数也在不断上升。在奥运会、亚运会、世博会等这类大型公共活动中，志愿者已经成为这些活动中必不可少的组成部分，以本次世博会为例，仅在世博会园区内工作的志愿者就有79965人[4]。近年来，国内学界对志愿者从事志愿服务的动机以及志愿服务和他们个人健康及发展的关系也做了一些相关研究，但多以青年大学生志愿者为研究对象[2—3,5—8]。“增爱世博”心理服务项目的志愿者也是中国2010年上海世博会众多志愿者中的一个群体，同样具有一般志愿者的特点，但这群志愿者也有其特殊性：首先他们具有心理学和相关的专业背景，从事的也是和其专业背景一致的专业心理服务工作；其次，这个志愿者群体是一个“混合编队”，有一半的成员是高校心理学系的研究生，而另一半的成员则是有心理咨询师资质但其主要职业各异的社会人士，这些特点很可能会影响到志愿者的志愿行为以及服务体验。

本章的分析和讨论将主要依据两类数据和文本材料，其一是在“增爱世博”心理服务项目结束之后向所有志愿者发放的一份调查问卷；其二是在项目结束后面向所有志愿者的征文比赛中征集来的文稿。本章将采用量化统计和质性分析的方法来对这些数据和文本材料加以整理分析和讨论。

第一节　志愿服务者的服务体验：志愿者体验问卷的结果

一、材料收集及分析方法

为了了解心理服务志愿者对于整个“增爱世博”心理服务项目的服务体验以及他们对项目实施情况的评价，本书的三位主要作者在项目结束后设计了一份针对心理服务志愿者的志愿者体验问卷(具体问卷见附件8－1)。问卷主要由四部分组成：(1)个人信息，主要包括基本人口学信息和其从事心理咨询和治疗的相关资质及从业情况；(2)对从事本次心理服务的自我评价，要求志愿者采用11点量表(0－10)对整个服务的质量，自我服务质量，专业困难程度，是否遵守伦理规范等10个条目进行评定；(3)对服务内容和来访者来访问题的评估，要求志愿者对他们认为突出的来访问题，服务类型的使用频率以及服务效果三个问题进行排序或评价；(4)服务过程中体验到的收获和挑战，以五个开放式问题邀请志愿者就这次志愿服务在个人和专业层面给他们带来的收获和挑战，以及对类似心理服务项目开展的个人建议和意见进行叙述。开放性的问题旨在进一步评估志愿服务体验对于志愿者的自我认同的可能影响，以及从志愿者的角度来审视项目实施的情况。

在问卷定稿后，由本章作者通过电子邮件在 2010 年 3 月～5 月间前后三次向 59 名志愿者通过电子邮件（电子邮件地址由主办方上海增爱基金会的项目经理提供）发放了电子版的问卷，得到 10 份问卷回复；之后又在 2010 年 5 月的志愿者总结会议上发放了 7 份纸板问卷，全部回收，则共回收 17 份问卷，总体应答率 28.8%。在应答的 17 名志愿者中，男性 5 名，女性 12 名；年龄 24～66岁，平均年龄 41.8±11.7 岁；其中华东师范大学心理学院学生志愿者 1 名，其余 16 名均为由增爱基金会、复旦大学心理研究中心以及上海市心理咨询师行业协会联合招募选拔的志愿者；8 名是志愿者小组的组长（47.1%），其余 9 名为组员。

所有问卷均由本章作者录入计算机制成 Excel 电子文档，可量化部分使用数据分析统计软件 SPSS13.0 进行描述和推论统计分析，开放问题部分则采用解释现象学分析（Interpretative Phenomenological Analysis，IPA）的方法对志愿者的回答进行质性分析[9]。由本章作者反复阅读志愿者对相应问题所做的回答后，识别其主题，再对这些主题进行提炼。

二、结果

（一）心理服务志愿者的从业资质及从业情况

在 17 名受访的心理服务志愿者中，本科学历 12 人（70.6%），研究生学历 5 人（29.4%）；教师 4 名（23.5%），心理咨询师 3 名（17.6%），企业员工 3 名（17.6%），退休人员 2 名（11.8%），军人 1 名（5.9%），医生 1 人（5.9%），公务员 1 名（5.9%），法务人员 1 名（5.9%），学生 1 名（5.9%）。由此可见志愿者的职业非常多样。

在从业资质和经验方面，除一人在资质栏中填写的是“心理咨询师”外，其他 16 人均填写了“国家二级心理咨询师”。在从业经验上，这些志愿者从事心理咨询与治疗的时间在 6 个月至 20 年不等，平均从业年限 78.8±51.1 个月；在过去一年中职业的时间在 10 小时至 600 小时不等，平均从业时间 207.5±189.1 小时。这些结果表明，在受访的志愿者中，从事心理咨询和治疗的临床经验的确有很大差异。将从事心理咨询和治疗的执业时间以 5 年为标准划分为低年资和高年资的心理服务志愿者，则得到 6 位低年资的志愿者和 11 位高年资的志愿者。这两类志愿者在性别和教育程度上没有差异，但在近一年的从业时间上有显著差异（ 93.7±70.9vs. 275.8±

207.3，$t_{(12.03)}=-2.54$，$p=0.03$），高年资的志愿者在一年内从事心理咨询和治疗的时间显著高于低年资的志愿者。

图8-1列出了这些志愿者在过去一年中从事心理咨询和治疗服务的主要人群/场所，依次是企业EAP服务（10人次），学校（9人次），社区（9人次），私人开业（4人），以及其他（5人）。在填写其他选项的志愿者中，2人为政府部门提供服务，2人为军队提供服务，1人在心理热线服务。

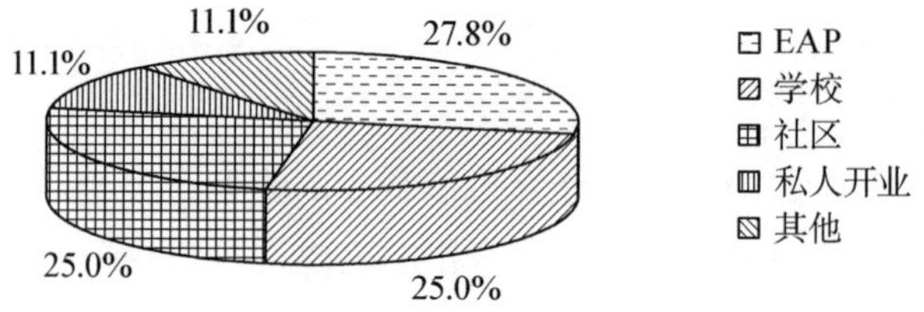

图8-1 心理服务志愿者在过去一年从事心理服务的人群/场所

图8-2列出了这些志愿者在从事心理咨询治疗服务时所使用的流派。从图中可知，志愿者使用最多的是认知行为取向（12人次），其次是夫妻/家庭治疗（9人次）和人本主义（8人次）；但在17人中，实际上有11人在选择流派时勾选了不止一个取向，在仅勾选一个取向的志愿者中，有2人选择的是折中取向，2人勾选的是认知行为学派，1人勾选的是家庭/夫妻治疗；因而可以推断，实际上绝大多数的志愿者在咨询和治疗服务中都会使用多种治疗技术和流派，尽管他们并不认为自己属于折中取向。

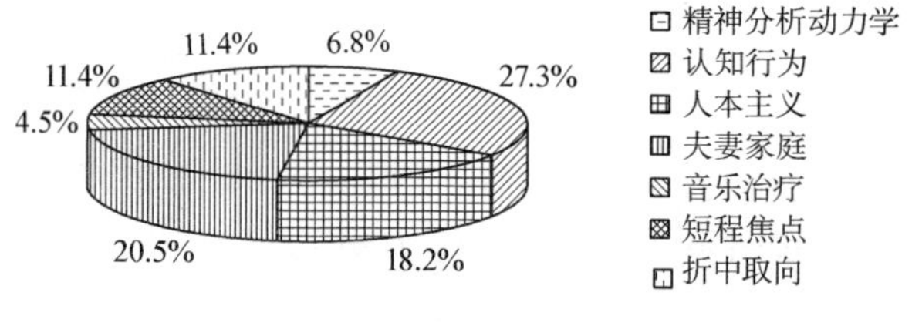

图8-2 心理服务志愿者所使用的理论技术取向

图8-3列出了志愿者在“增爱世博”项目中服务的月份分布。在受访者中，有一位志愿者服务了2个月（7月和8月），一位志愿者参与了所有6个月的服务，其余15位志愿者均参与了一个月的服务。

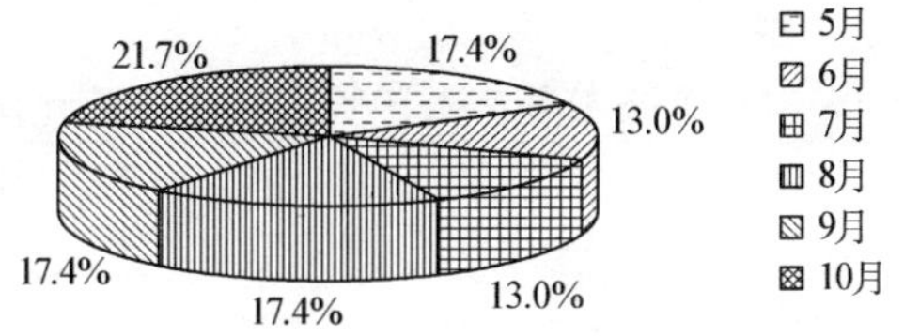

图 8-3 受访心理服务志愿者服务的月份分布

（二）心理服务志愿者对项目和自我服务质量的主观评价

表 8-1 列出了志愿者在 10 个自评项目上的基本评分情况。使用简单 t 检验对这些评分进行统计。鉴于使用的是 11 点量度，故 5 分为中间值，以此为比较基准点，结果发现，志愿者对项目的整体满意度显著高于中间值（ $t_{(16)}=9.35, p=0.00$ ），表明志愿者对项目整体表示高度满意；志愿者对自己总体的服务质量显著高于中间值（ $t_{(16)}=6.22, p=0.00$ ），表明志愿者对自己的总体服务质量表示高度满意；志愿者对本次志愿服务在专业上的困难程度评估和中间值没有差异（ $t_{(16)}=-0.33, p=0.75$ ），表明志愿者认为本次志愿服务在专业上的困难程度中等；志愿者对因本次服务而体验到的专业成长的评估与中间值无显著差异（ $t_{(16)}=1.71, p=0.11$ ），表明志愿者所体验到的专业成长程度中等；志愿者对工作压力的评估与中间值无显著差异（ $t_{(16)}=1.13, p=0.28$ ），表明志愿者认为本次服务所体验到的工作压力中等；志愿者对志愿者小组的服务质量评定显著高于中间值（ $t_{(16)}=9.35, p=0.00$ ），表明志愿者对自己所在志愿小组的服务质量表示高度满意；志愿者对本次服务的工作条件的评定和中间值有显著差异（ $t_{(15)}=6.78, p=0.00$ ），表明志愿者对本次服务的工作条件高度满意；志愿者对项目的组织工作质量的评定与中间值有显著差异（ $t_{(16)}=5.07, p=0.00$ ），表明志愿者对“增爱世博”心理服务项目的组织工作表示高度满意；志愿者对自己在服务过程中所遵守的伦理规范情况的评价与中间值有显著差异（ $t_{(16)}=12.90, p=0.00$ ），表明志愿者认为自己很好地遵守了伦理规范；志愿者对同伴在服务过程中的伦理规范遵守程度的评价显著高于中间值（ $t_{(16)}=11.74, p=0.00$ ），表明志愿者对其他志愿者在服务过程中很好地遵守了伦理规范。这些结果提示，总体上受访心理服务志愿者对自己的服务质量、遵守伦理的情况和项目执行的质量表示高度满意，认为本次服务在专业上的困难程度和工作压力均为中等，自己也能通过这次服务获得中

等程度的专业成长。

表8-1　心理服务志愿者对10个自评条目的评分情况

条　　目	最低分	最高分	平均分	标准差
1. 您对“增爱世博”心理服务项目整体有多满意	5	10	8.0	1.3
2. 您对自己志愿服务的总体质量有多满意	3	10	7.7	1.8
3. 您觉得本次志愿服务在专业上有多困难	0	8	4.8	3.0
4. 您觉得总体上本次志愿服务能让您在专业上获得多大的成长	2	10	6.1	2.7
5. 您觉得总体上本次志愿服务的工作压力有多大	2	9	5.6	2.2
6. 您觉得所在服务小组总体的专业工作质量有多高	5	10	7.9	1.3
7. 您对本次志愿服务的工作条件有多满意	4	10	8.1	1.9
8. 你对本次志愿服务的组织工作有多满意	3	10	7.7	2.2
9. 您觉得自己在本次志愿服务中多大程度上遵守了专业伦理的要求	5	10	9.1	1.3
10. 您觉得其他同伴在本次志愿服务中多大程度上遵守了专业伦理要求	5	10	8.9	1.4

使用独立样本 t 检验考察不同性别和不同年资的志愿者在自评条目上的差异。结果发现，不同性别的志愿者在专业成长条目上有显著差异（$t_{(15)}=3.44$，$p=0.004$），男性志愿者（8.80 ± 1.30）认为自己所体验到的专业成长显著高于女性志愿者（4.09 ± 2.30）；在对整个项目的组织工作的满意程度上，两者也有显著差异（$t_{(14.92)}=2.25$，$p=0.04$），男性志愿者（9.00 ± 1.00）对组织工作的满意程度显著高于女性志愿者（7.17 ± 2.37），而不同年资的志愿者在这些自评条目上并未有显著差异。

（三）心理服务志愿者对来访问题、服务类型及服务效果的评价

表8-2列出了受访的心理志愿者对于以下几种来访问题的突出程度的排序，因共有7个待选项，故全排序可排到第七位，但并非所有受访志愿者都进行了全排序。从表中可见，被排在第一位次数最多的是工作压力，其次是个人的亲密关系与家庭议题。如对这些排序进行加权计分，排在1至7位分别给予7分到1分的计分，则可发现，得分最高的是工作压力，其次是工作场合的人际关系问题、职业规划和个人的亲密关系与家庭议题。从这个结果来看，受访志愿者认为在他们的服务过程中，和工作有关困扰是来访者最为突出的问题，其次是个人

的亲密关系和家庭困扰。

表 8-2 心理服务志愿者对来访问题突出程度的排序情况

来访问题类型	第1位	第2位	第3位	第4位	第5位	第6位	第7位	加权
工作压力	11	5	0	1	0	0	0	111
职业规划	1	5	4	3	1	0	0	72
工作场合人际关系	2	6	4	2	0	0	0	78
工作待遇	0	0	1	2	6	1	0	33
亲密关系与家庭	3	1	7	2	0	0	0	70
创伤事件	0	0	0	1	1	5	0	17
其他	0	0	0	0	2	0	1	7

表 8-3 列出了心理服务志愿者对于他们在服务过程中所使用的服务类型的频率所做的排序。从表中可见，排在第一位最多的是音乐放松，其次是个体咨询。同样使用加权计分的方式，对排在 1 到 6 位分别给予 6 分到 1 分的计分，则可发现，志愿者认为相对而言使用频率最高的服务类型是个体咨询，其次是音乐放松和团体辅导。

表 8-3 心理服务志愿者对不同服务类型使用频率的排序情况

服务类型	第1位	第2位	第3位	第4位	第5位	第6位	加权
团体辅导	0	3	8	3	1	0	58
个体咨询	6	10	1	0	0	0	90
音乐放松	10	2	3	1	0	0	85
心理测评	0	0	2	6	5	0	36
其他放松形式	1	0	1	4	3	2	30
其他服务	0	1	0	0	1	1	8

表 8-4 则列出了心理服务志愿者使用 7 点评分量表(0 分代表完全无效，6 分代表非常有效)对六种心理服务形式的疗效所做的评价。使用简单 t 检验，将 3 分作为比较值，显著高于 3 分则表明该服务形式被认为有效。结果发现志愿者对所有六种服务形式的评价均显著高于中间值(见表 8-4)，这表明心理志愿者认为这六种服务形式都是有效的。使用 GLM 考察这些服务类型效果之间的差异，由于其他放松形式和其他服务形式评定的受访者相对较少，且本身样本量较小，考虑到统计效力，仅比较了前四种类型在疗效评价上的可能差异。结果发

现四种服务形式的疗效评价之间有显著差异（$F_{(3,10)} = 7.18, p = 0.007$），进一步检验表明，志愿者认为心理测评的效果显著差于另外三种，而在另外三种之间则无显著差异。

表 8-4　心理服务志愿者对不同服务类型效果的评价情况

服务类型	N	最低分	最高分	平均分	标准差	*t*	*p*
团体辅导	*15*	2	6	4.87	1.12	6.42	***0.00***
个体咨询	15	3	6	5.13	0.89	9.60	***0.00***
音乐放松	16	2	6	4.87	1.19	6.09	***0.00***
心理测评	15	1	6	3.93	1.33	2.71	***0.02***
其他放松形式	11	2	6	4.27	1.27	3.32	***0.01***
其他服务	3	5	6	5.33	0.58	7.00	***0.02***

（四）开放问题：收获、挑战和建议

1. 专业挑战

17个志愿者均回答了此问题，回答字数在6～124字之间，平均字数37.1±29.1个字。这些受访者的回答主要涉及以下三个方面。

临床能力和经验。大多数志愿者的回答都涉及到了临床能力和经验方面。有4名受访者表示在服务过程中没有遇到什么专业上的困难，这4位受访者均是高年资的咨询师，因而推测他们有较为充分的临床经验可以应对志愿服务的工作，其中一位表述得十分清晰："基本上没有觉得在专业上有困难，因为来访者的类型和他们带来的问题和我常处理的社会个案是一样的。过往的经验足以支持我顺利完成工作。"有7位受访者表示在服务过程中发现自己的临床能力还需要提高，其中5位是低年资的咨询师，这些咨询师会表示自己的临床经验不足，例如"主要是没有经受过专业系统的心理学的专业知识和理论培训，遇到深度问题解决的时候会比较难以应付"或"对我而言，我觉得自己的个案经验不够，缺乏有针对性的实战经验，特别是职业规划方面能给予来访者的帮助不多"；3位高年资的咨询师中，2位表示志愿服务要求临床的技能较为多样，因而自己还需要接受继续教育，例如"来访者的问题是多样性的，我们的专业知识还需不断学习"，一位表示自己需要在团体辅导方面有所长进："根据本次世博的特点（人多面广），我觉得最大的挑战是如何成为一名优秀的团体咨询师。"

设置和工作条件。其次提及次数较多的是服务设置方面的因素，有5位受访者提到了这方面的困难。其中4位(3位高年资，1位低年资)提到了工作场所的条件无法保证个体咨询的私密性，例如“咨询师在缺乏实施心理咨询个案的条件下坚持工作，有时来访者边谈边心神不宁，如接待和咨询同处一室，中午人员多过于热闹、隔音差、空间窄小、私密性不够”；2位(均为高年资)提到了工作设置和服务对象的原因，难以做长程咨询，例如“来访者无法保证咨询时间，定期咨询”，1位提到了工作时间安排上的协调困难，1位(高年资)还提到了转介方面的困难：“缺少转介绿色通道(咨询室没有配备精神科医生，因为确实有工作人员患有严重的焦虑问题需要药物治疗)”。

其他方面。有2位(1位高年资，1位低年资)提到了需要加强督导的工作，1位(高年资)提及需要自己有组织协调能力，1位(高年资)提及项目需要进行一定的宣传以提升心理咨询室的知名度和认可度。

2. 个人挑战

16位志愿者回答了这个问题，回答字数在3～214字之间，平均字数43.8±59.1个字。这些受访者的回答主要涉及了以下三个方面：

工作条件和工作强度。有10位受访者(5位低年资，5位高年资)提到了志愿服务的工作条件和强度是自己体验到的最大的挑战，主要是路途遥远和服务时间长，例如有位志愿者表示“路途远，加上12小时工作，每天15小时左右，比较疲劳”，“朝8晚8的工作时间强度太大，每天预约者又多，一天下来的确很累，五月下旬开始我中午经常忙得来不及吃饭，直到五月服务结束还有个别预约者未来得及得到我的帮助”；有些志愿者因此还面临了本职工作、家庭和志愿者服务之间的冲突，例如“需要处理单位、家庭、志愿服务的关系，克服冲突，应对突发事件”以及“在我的职位上长时间离开工作岗位是比较困难及挑战的，更何况是五个月不到的新岗位，但是老板支持国家及政府的活动的精神很让我感动”。

工作模式。有3位志愿者(均为高年资)提到了项目的运作中的问题给自己带来了挑战。例如：“和咨询部主管部门及世博各部门的信息沟通和理解及关系协调上遇到困难，一些明明可以简单高效率解决的问题会因为部门负责人之间的权力维护被复杂化和敏感化，一度很挑战我的行事风格。觉得自己作为组长常处于夹心饼干的地位，不知道到底听哪位主管的工作指示才好。希望在以后的类似工作中能够清晰化工作角色和工作职能分配，减少误会和拖沓，提高工作效率和效度”。

临床技能。有3位志愿者(均为低年资)提到自己感受到临床技能上的不足是最大的个人挑战，例如“在服务中往往来访者所面临的问题也是自己的困惑，能共情，却不能提供具体的指导，能分析问题却缺乏解决方案”。

另有3位志愿者（均为高年资）认为项目并没有带来什么个人挑战。

3. 专业收获

16个志愿者回答了这个问题，回答字数在6～148字之间，平均字数45.0±41.8个字。这些受访者的回答主要涉及了以下三个方面：

临床经验和能力的增长。有12位志愿者（5位低年资，7位高年资）认为服务的过程让他们的临床实践经验有所增长，或是因为督导以及同行之间的学习交流而使得自己的临床能力有所增强，例如有的志愿者表示：“专家督导使自己能够更好地增强心理学理论，同时对实际案例的讨论分享尤其使自己增长了咨询能力”，“每天与其他咨询师同处一室，学会很多自己原先不擅长的技巧（如婚姻情感方面的咨询技巧）”，“提升了个人应对高压人群、各种心理问题的专业能力”，“我在本次服务中接触到了一些资深的老师，从她们身上学到了不少课本和理论上没有的经验”。

加深同行交流。有3位志愿者（均为高年资志愿者）提到了同行之间的交流是这次志愿服务中的重要收获。例如，“最大的收获是跟我们小组中其他心理师的专业交流和工作经历，经验的分享，从中了解自己的长处和短处，学习别人的好经验”以及“结识了同行，拓展了视野”。

其他。有两位志愿者（均为高年资）表示在专业上的收获并不大，其中一位陈述了其认为收获不大的理由：“从专业角度讲，由于本次来访者主要是音乐放松为主，个案较少，对咨询师本身咨询业务方面的个案累计比较少”。两位志愿者（均为低年资）认为专业上的成长在于实践了专业的助人价值，例如“把助人自助的理念传播给每一个人，把专业知识用于心理咨询的来访者，调整情绪，改变认知，心理更健康”。

4. 个人收获

17个志愿者均回答了这个问题，回答字数在5～172字之间，平均字数49.7±43.7个字。这些受访者的回答主要涉及了以下三个方面：

作为志愿者体验到价值感和其他感悟。有9名志愿者（3名低年资，6名高年资）从志愿者的身份来描述自己在服务中体验到的成长或感悟。有七名志愿者（3名低年资，4名高年资）表示这次志愿服务让自己获得了价值感或荣誉感，例如：“感觉到能为世博出力是人生价值的体现，感到非常幸福”，“我深深地感觉到自己的热情、价值和归属感有所实现,并且能够在工作中施展长处和自我成长,得到充分的满足感,且乐于继续自己的志愿工作。虽然我们不可能在一天内改变整个世界,但只要每个人都愿意从身边的小事开始,帮助他人,这个世界一定会更美好”。有两名高年资的志愿者表示自己对志愿服务本身有了新的认识,例如“对志愿者服务有了更加深刻的认识”以及“更理智、冷静地看待社会上轰轰烈烈的志愿者活动的付出和收获,不再盲从跟风,为自己节省了大量宝贵时间”。

作为专业人员的成长。有6名志愿者(3名高年资,3名低年资)从专业人员的身份出发来描述自己的成长,包括对行业本身有了更好的认识,例如一位低年资的志愿者表示:“对心理咨询行业了解更多,对专业发展方向更加清楚”;提升了专业自信,例如一位高年资的志愿者表示:“提升了自己的专业技术和能力,更有自信心”;以及提升了一些特定的专业技能或有了一些专业上的领悟,例如一位低年资志愿者表示:“更明确了‘关系’建立的重要性,咨询师的人格魅力很重要。心理咨询技术的运用是圆通的,综合运用性要强”;一位高年资的志愿者表示:“心理咨询和心理测量技术上的提升”。

感受到同行之间的情谊。5名志愿者(3名低年资,2名高年资)表示本次服务中自己的收获在于结识了同行并体验到了同行之间的支持和情谊,例如:“在我们组员相处的过程中体验到相互支持,相互帮助的温暖情谊。我觉得我们小组中的每个人都那么认真,那么善良,我们如同一个大家庭一样的愉快相处,令人难忘”。

5. 对大型公共活动中提供类似的心理服务的建议和意见

所有志愿者均回答了这个问题,回答字数在5～326字之间,平均字数80.4±111.1个字。这些受访者的回答主要涉及了以下两个方面:

项目规划和管理上需改进。13位志愿者(5位低年资,8位高年资)或对这次“增爱世博”心理服务项目在规划和管理上存在的问题提出了意见,或对后续在大型公共服务中提供类似心理服务项目的规划和管理提出了建议。有3名志愿者(均为低年资)指出了项目管理上的难点和专业人员以志愿者的身份承担项目有关,从专业人员到志愿者的身份改变并不那么容易:“志愿者之间没有相互的隶属关系,所以在协调和管理上会存在很多困难”;另一位表示:“心理咨询志愿者首先应该自问:我为什么要做志愿者?我应该为大家做些什么?我可以为大家做到什么?工作时间有多长?与本职工作有冲突时怎么办?……作为心理咨询志愿者,应该认识自己的心理状态,要意识到什么能做,什么不能做。解决以上的问题，才能无后顾之忧地全身心投入服务，而这也是对志愿服务的一种责任和义务”；还有一位表示需要在选拔时更为严格：“希望今后国内大型活动招聘心理咨询师时，增加‘心理健康’的测试，以及规范服务的训练，以保证服务团队的协作有效性和咨询师职业化程度”。有10位志愿者(4位低年资，6位高年资)对于项目的组织管理工作提出了意见和改进的建议，包括(a)管理职能应更明晰，管理层应该和志愿者有更多沟通，例如一位高年资志愿者建议“在管理上要职能清晰，目标一致，相互理解和尊重”，另一位高年资志愿者建议“领导小组遇事多广泛听取咨询师的意见”，而另一位低年资的志愿者表示：“心理咨询服务项目的现场管理很重要，八仙过海式管理风格不利统计分析工作的开展与引导，上下沟通无效更不利团队协作”。(b)项目规划和服务内容上要更有条理、更丰富，例如一位高年资的志愿者表示：“希望以后开展类似工作，确实要有细致的工作程序，包括来访者接待、团体训练接洽、个案来访预约、个案心理咨询……精神科医生坐诊、心理咨询志愿者值班、专家定时督导、个案报告撰写等进行细致管理，有条不紊开展工作”；另一位高年资的志愿者表示：“组织工作和协调工作需要更超前、更细致、更给力；督导工作要及时、定期……咨询室的硬件设施要配齐配强，增加宣泄室(橡皮人、橡皮棍等)、沙盘室等”；一位低年资的志愿者建议工作安排上的改进：“建议每位咨询师每周工作1—2天，而非在一个月内集中服务。一是为保证咨询师的工作健康和有效性，二是为满足来访者对服务的持续要求”；另一位低年资的志愿者建议今后的服务应该扩大服务人群：“深入园区，为一线志愿者提供服务”。(c)组织方应给专业志愿者更多的支持，切实考虑他们的需求和利益，从而保证他们的积极性，例如一位高年资的志愿者希望组织方“及时给与参与者鼓励和支持”；一位低年资的志愿者建议“心理咨询志愿者组织反映出以人为本的态度，充分尊重志愿者个体的意愿——尽量满足他们个性化的要求；对于那些无法满足的要求，也会事先告知。但有些团队志愿者却因为各种限制，造成内心的诉求一直无法得到满足，因而发生志愿者不开心或有以后再也不会参与的现象”；一位高年资的志愿者则明确表示了对项目结束时收尾工作不到位的不满：“这次参加世博心理志愿者最大的遗憾是轰轰烈烈的开始，无声无息结束，工作搞得虎头蛇尾。去年年终全市各工作单位都在对世博会志愿者的工作进行总结、表彰、评奖，我们好像是闲杂人员的组织被自动解散了，这种做法损害我们咨询师的积极性，对积极支持自己利用工作时间投身志愿者工作的原工作单位也是不公平的，从而产生‘被忽悠’的不良感受”。(d)增加项目的宣传和与活动主办方的沟通,例如一位高年资的志愿者建议:“加强宣传力度,提高心理工作室的知名度,扩大受益人群,从而确保心理咨询工作的有效性”;另一位高年资的志愿者认为:“增加宣传以及心理知识的普及,专门设立一个协调小组和官方沟通”。

有必要提供类似服务。有4位志愿者(2名高年资,2名低年资)在回答这个问题时表示有必要在之后的大型公共活动中多提供这类服务,例如:“心理咨询进入社会大型活动,为社会稳定,社会和谐提供专业支持,具有重要的社会意义”。

三、讨论

本项研究旨在通过问卷调查的形式来考察心理服务志愿者对于自己从事“增爱世博”心理服务项目志愿活动的主观感受和想法,主要包含以下三个核心问题:其一是志愿者对于自己所从事的心理服务内容以及来访者的来访问题的主观评估,其二是志愿者对于自己所从事的心理服务质量和项目执行质量的主观评估,其三是志愿者如何体验本次志愿服务给他们的身份认同所带来的影响。前两个核心问题更多关注的是中国2010年上海世博会各类工作人员和志愿者对心理服务的需求以及“增爱世博”心理服务项目的质量评估,而第三个核心问题则更多关注的是这些志愿者作为具有专业特长的志愿者从事专业服务的体验。本讨论也将围绕这三个核心问题展开。

在就本研究获得的主要结果进行讨论之前,首先需要说明的是从问卷的回收率来看,28.8%的回收率显然不尽如人意。这次专业志愿者实际上是由两部分人群组成的,第一部分是来自华东师范大学心理学院的研究生,其二是由三家项目主办协办单位联合招募的来自社会的心理咨询师。如按照这两类群体分别统计回收率,则可发现第一个群体的回收率仅有3.3%,第二个群体的回收率为55.2%,显然二者之间的差异是巨大的。这个差异可能是由于本次调查问卷的发放是在整个2010中国上海世博会结束半年之后,而且主要是通过电子邮件发放,推测有一定比例的研究生志愿者已经毕业或改换了电子邮箱,所以没有收到问卷。但即便从第二个群体55.2%的回收率来看,仍有一半左右的志愿者并没有参与调查。低回收率的确是在通过电子邮件或邮寄形式向受访者寄送问卷的研究中较为常见的,但鉴于本次受访对象是一个有组织的志愿服务项目的志愿者,而且总体人数也不多,那么低回收率可能在一定程度上反映出了部分志愿者对于整个项目的认同度并不高，以至于没有动力来参与对于志愿者服务体验的调查，也可能是部分志愿者对于整个项目的运作，尤其是项目的收尾工作（就像一位应答的志愿者在意见和建议这个开放问题中所提到的）并不十分满意，感觉自己付出了大量劳动但却并没有得到足够的尊重，因而不愿意参加这次调查。由于本研究问卷的低回收率，本研究所得出的结果和结论并不能简单推广至所有参与“增爱世博”心理服务项目的志愿者，而很有可能只是反映了对自己的志愿者经历较为满意的志愿者的感受和想法。

其次需要指出的是，尽管从事心理专业服务的志愿者都被认为应具有足够的心理咨询与治疗的专业知识、技能及从业经验，但从这些志愿者的基本人口学信息和执业资质的调查结果中可以发现，这些志愿者大多数都并非是专职的心理咨询师，在心理咨询与治疗领域的专业知识、技能和从业经验方面有着相当大的差异。具体来说，来自高校心理学专业的研究生志愿者据了解大多并非心理咨询与治疗专业的学生，因而实际上并没有独立从事心理咨询与治疗的足够知识、技能和经验，而面向社会招募的那些获得国家二级咨询师资格的心理咨询师在临床技能和经验方面也有很大差异。这种团队的异质性必然会影响到整个项目的服务管理，也会影响到志愿者个人的服务体验。但可惜的是，本次调查中只有一位高校学生志愿者填写了问卷，因而无从具体比较这两个不同群体对项目实施及志愿服务的体验。

就志愿者对于自己所从事的心理服务内容以及来访者的来访问题的主观评估而言，本调查发现，志愿者认为最为突出的来访问题首先是工作压力，其次是个人的亲密关系与家庭议题；在使用的心理服务的种类中，个体咨询和音乐放松是志愿者评估自己最常用的服务形式，这些结果和第七章按照“增爱世博”心理服务项目的档案记录所做的整理分析的结果基本是一致的，反映出这一项目具有 EAP 服务的鲜明特点。

在志愿者对于项目服务质量和执行质量的主观评估方面，志愿者总体上认为自己所采用的主要服务形式都是有效的，相对而言心理测评的效果要差于个体咨询、音乐放松和团体咨询；无论是低年资还是高年资志愿者，他们对自己的服务质量、遵守伦理规范的情况以及项目执行的情况也表示满意，但男性志愿者对项目组织的满意程度要高于女性志愿者。以现有的资料很难解释为何会有这种性别差异，不过有意思的是，在曲清和等人[7]考察北京奥运会学生志愿者心理压力的研究中也发现了类似的性别差异，他们发现女性似乎比男性更愿意表露自己的消极情绪,更希望得到心理上的支持和帮助,并认为这和性别认同有关。

就本次志愿服务给他们的专业自我认同以及个人自我认同所带来的影响而言,从主观自评的结果来看,受访心理服务志愿者认为本次服务给自己在专业认同上带来一定的影响,但影响并不大,具体表现在他们认为本次服务在专业上的困难程度和工作压力均为中等,且自己能通过这次服务获得的专业成长也为中等;年资对于自评的结果并无影响,但男性志愿者相比女性志愿者认为自己获得了更多的专业成长。

相比之下,开放式问题的结果则能更丰富和细致地反映出本次服务对受访志愿者专业身份认同的影响,而且在对开放式问题所进行的分析中也可发现,从业年资的不同会影响到志愿者对于志愿服务的体验。对于大多数高年资的志愿者而言,本次服务并没有对他们的专业知识和技能带来太大挑战,因为来访者的主要问题和他们平时临床实践中接触到的没有太大差异,但由于“增爱世博”心理服务项目在外在设置上的一些限制(例如场地条件有限、来访时间不能保证,组织协调关系相对复杂),一些高年资的志愿者发现自己没有办法按照自己惯常的咨询和治疗设置进行工作;此外,部分高年资的志愿者还提到自己需要走出咨询室,跳出传统的“被动等待来访者求助”式的咨询师角色,转而承担一些宣传、协调和组织的工作。考虑到一般而言,高年资的志愿者对自己的专业身份有更稳定的认同,自己作为咨询师的工作模式也相对固定,因此对于他们而言,项目的限制和志愿者需承担的多元角色显然对他们的专业身份认同提出了挑战,需要他们不同程度地拓展自己的专业角色。而相比之下,对于低年资的咨询师而言,专业知识技能与临床经验的缺乏是他们更多报告的所遭遇的专业挑战;相应的,许多低年资的志愿者也报告,通过这次服务自己获得了专业技能和经验上的增长。考虑到低年资的咨询师本身处于形成一个相对稳定的专业身份认同的过程之中,那么对于他们而言,这次专业志愿服务经历本身更多具有某种专业实习的意味,增进他们对这个职业本身的了解,成为他们形成专业身份认同过程中的一种经验。

在开放问题的分析中也发现,大多数志愿者都报告自己体验到了一定的工作压力,最为突出的是工作强度过大,导致志愿者感到身体疲倦,体力透支,甚至体验到志愿服务与工作和家庭生活发生冲突;其次是项目规划和管理上的不足,尤其是协调困难和沟通不畅;另外有些志愿者体验到项目应该给志愿者更多的支持,尤其是整个项目的收尾工作做得不到位,让志愿者体验到被抛弃和失落的感觉。这些心理压力和曲清和等人在北京奥运会学生志愿者心理压力的研究中所获得的发现十分类似，他们总结奥运学生志愿者的心理压力可表现在心理契约破坏、沟通挫折感、工作超负荷和工作满意度降低四个方面[7]。除了最后一点未在开放问题分析中见到之外，其他三类压力来源都可在本调查中找到。志愿者所体验到的心理压力一部分来源于工作性质本身固有的应激，另外也显然折射出了“增爱世博”心理服务项目本身在方案设计和管理上具有一定的局限和欠缺。

第二节　志愿者的服务体验：志愿者在征文中的叙述

一、材料收集及分析方法

文本材料来自志愿者征文比赛中的征文稿件。这次征文比赛是在“增爱世博”心理服务项目结束之后，为了鼓励志愿者之间的交流，探讨并总结服务过程中的心得体会而由上海增爱基金会、复旦大学心理研究中心主办，上海市心理咨询师行业协会承办的，面向所有59名志愿者的活动。在征文启事中，对征文稿件的要求是“征文以‘增爱世博’心理服务项目的服务为主题，可侧重于心理志愿服务的专业特殊性，在服务过程中志愿者体验到的个人成长，以及对于项目整体运作实施的个人感受、看法、建议或展望；征文题材不限，篇幅在3000字以内为宜”。

该征文活动共收到稿件8篇，其中男性3名，女性5名；来自华东师范大学心理学院的学生稿件2篇，其余6篇来自面向社会招募的心理咨询师；在项目中服务的具体月份是5月1名，6月2名，7月2名，9月2名。

在具体分析时，同样采用解释现象学分析（IPA）的方法对志愿者的征文稿件进行质性分析[9]。本次分析的核心问题包括志愿服务给作为专业心理服务项目的志愿者这个自我身份带来了什么挑战，他们是如何应对的，是否能最终出现某种马西亚所谓的承诺（commitment）状态，即为了认识自己、实现自我而对特定的目标、价值观或理想投入个人的精力、毅力、时间和做出自我牺牲[10]。由于其中一篇征文实际上是由一个志愿者对于另外一个志愿者从事服务的记叙，而非自我叙述，所以这篇文稿（男，社会招募咨询师，服务月为2010年7月）没有进入本节的具体分析。在质性分析过程中，本章作者反复阅读志愿者的自我叙述文稿,首先得出一些初步的印象,然后识别主要的主题,再对这些主题进行提炼[8]。

二、结果

表 8-3 列出了 7 篇征文撰写人的基本信息和主题。从征文稿件的主题上来看,志愿者选择着重叙述的参加“增爱世博”心理服务项目的体验各有不同:在 7 名志愿者中,有 4 名把重点放在志愿者这个特殊的身份给他们的体验之上(02,03,05,06),有 3 名更多强调了心理服务的专业特点(02,05 和 07),1 名强调的是志愿者团队给她的支持和这个过程中体验到的个人成长(01),1 名重点论述的是志愿服务中所遇到的来访者的心理特点(04),1 名把重点放在对整个项目实施的思考上(07)。

表 8-3 征文稿件的基本信息

编号	性别	身份	服务时间	题目
01	女	社招	7 月	我们是一家人
02	女	社招	9 月	以心理专业知识奉献世博
03	男	社招	5 月	我是一名光荣的志愿者
04	女	学生	8 月	火热的八月
05	女	学生	9 月	心理特殊志愿者——志愿者的志愿者
06	女	社招	6 月	我在世博志愿奉献中成长
07	男	社招	6 月	上海世博会(特大型活动)心理服务项目的回顾和思考

1. 服务体验中所面临的挑战

尽管从事本次心理服务的志愿者都具有心理学或心理咨询和治疗的相关教育/培训背景,但以志愿者的身份从事专业服务,且服务的背景又在大型公共活动之下,服务的人群和服务的框架和通常的咨询治疗服务还是有一定的差异,也确实会给志愿者带来不同的挑战:

对自己个人特点/生活习惯的挑战:例如 01 号写道:“增爱的工作开始后,每天早上 8 点工作的要求,和我的生活习惯起了很大的冲突,我陷入一种莫名的焦虑、烦躁不安和沮丧的情绪中,生理上也一时调整不过来,出现一些问题。”

工作内容(即服务对象有特定需求和困扰):例如 04 号写道:“高温酷暑的天

气状况给园区的工作人员和志愿者带来了巨大的挑战，工作人员和志愿者的'情绪中暑'状况尤为突出”。06号写道：“'小白菜'们在承受着超负荷的劳动量的同时，会产生较大的心理压力……所以，如何为志愿者减压，成为在心理志愿者服务中面临的新的课题。”07号写道：“特大型活动的工作人员和志愿者来源广泛：年龄学历相差大——从初中生到博士、大学生到老工人；层次素质不同——从领导到员工；地域范围不同——来自全国各地；工作岗位不同——各种岗位都有：警察、保安、厨师、驾驶员、清洁工、导游、会计、世博局员工、志愿者……；面临的心理问题不同——情绪、压力、危机、情感、婚姻、家庭、亲子、职业生涯、人际关系、神经症、精神病……因此，对心理志愿者的条件要求比较高，即你的专业能力、应变能力要比较强。”

工作职责和设置：02号写道：“工作中确实有不尽如人意的地方。比如，咨询室条件所限只有三个隔间，其中两间是音乐放松室，一间是面询室，这三个区域是半隔开，午间休息又是心理咨询和音乐放松的高峰时间，等候的来访者可能影响了面询的来访者，而面询时谈话声音可能会影响音乐放松，常有隔间不隔音现象发生。”05号写道：“由于音乐放松治疗仪数量太有限，我们不得不在音乐治疗结束后叫醒他们。因为后面还有更多的工作者或志愿者在等待。看着他们疲惫的面容，我有时都不忍心叫醒他们。”

工作时间和工作量：02号写道：“有时一天最多接待4名来访者，对我们心理咨询师也是高强度的考验。”05号写道：“我们在世博局里的增爱世博心理咨询室工作，没有风吹日晒，但也早出晚归，有座位可以休息，但也连续工作12小时。因此，我们同样经历了所有小白菜们、蓝精灵们的心路历程，有着和他们同样的体会感受。”06号写道：“清晨从家里出发至世博增爱心理咨询室做志愿者，到晚上近十点回家，第二天还要赶到学校上班，完成教育教学工作，期间的工作负荷虽然翻了一番，也没有了休闲时间，但我乐此不疲。”

工作团队异质性：例如02号提到：“我们10位志愿者中5位心理咨询师均来自于不同的工作单位，年龄最大67岁，最小41岁，各有忙碌的生活和工作；5位华东师范大学心理系的研究生也来自不同的年级和研究方向。”

对何谓志愿者的探索：例如03号写道：“我的心中仍然有一些不满足。对于那些园区志愿者们的辛苦，我的认识还不够具体而深刻。”

2. 探索和承诺：服务体验中对挑战的应对和承诺的达成

在阅读文本中发现，面对各式各样的挑战，志愿者会探索不同的方式来应对，也会利用个人和环境中的资源，最终能达到某种承诺的状态。在文本分析中，本章作者认为，承诺状态会有下列的表现：当志愿者达到承诺状态时，他/她对自己作为专业人员/志愿者的身份会有积极的情绪体验，或会在专业上有高度的投入和创新行为，或对工作团体有高度的认可，或愿意在专业上或自我认识方面投入额外的努力来获得成长。

对自我的积极情绪体验，这些情绪包括自信和自我效能感、快乐、自豪、成就感与价值感，荣誉感和使命感等，这一点被多数志愿者所提及：例如01号写道：“我不仅仅挑战了自己的极限，还对自己的坚持和坚定的信念多了份信任。增爱基金给我了一个很好的机会，能让我从侧面了解了自己的弱点，并克服它。”02号写道：“虽然没有像‘小白菜’志愿者和世博园区工作人员一样直接服务于上海世博会的参观者，但是我们同样以自己的专长奉献世博，这份经历让我们自豪和快乐。”03号写道：“这几个月的志愿者体验，岗位平凡而又特殊，令我倍添使命感和成就感，我为有过这段难忘而又不平凡的志愿者经历感到由衷的骄傲！做志愿者可以充实我的生活，寻找到自我的价值感和荣誉感。”05号写道：“予人玫瑰，手有余香。当看到来访者满意地离开咨询室或听到他们一句简单的感谢时，我都会感到很快乐，会体到付出后的收获。”07号写道：“我们为中国2010上海世博会做出了一份贡献，发扬了志愿者精神，贡献了专业知识，得到了锻炼和成长，收获了一份人生的宝贵财富，留下了一段美好的回忆。”

专业上的投入与创新，即志愿者愿意付出个人的精力与时间来从事服务工作，即便意味着在个人的闲暇时间和金钱收益方面有损失，而且还会自发地在专业上根据服务对象的需求打破固定的工作模式，并利用自己的专长进行创造性的工作，这一点在大多数的文本中都有体现。例如01号写道：“这得以让我们把对世博的工作热情呈现的淋漓尽致。比如，我们针对世博局内部的工作人员对心理辅导不了解、敏感的特点，共同策划了‘乐活家庭周’活动……以手机短信的方式发出去，增加了增爱基金服务的知晓度和作用。”02号写道：“……我非常理解他们对面询的迫切需求，即中断午餐迅速做好咨询的各项准备，全身心投入到工作中……在这种情况下，我和同事们安排好咨询室的工作后，尽快赶到园区，到他们的工作地点进行面询。每当我值班，我都会记得给做过面询的园区员工发条短信，提醒他们注意身体，劳逸结合。”03号写道：“我利用自己专业所长反复演练编制了两套五分钟延伸式、一招式太极放松操。同时糅合了呼吸锻炼法，有针对性地制定了园区现场志愿者‘放松体验’的团体心理咨询方式。”06号写道："要针对志愿者的实际情况，创造性的寻找一种合适的减压方法。为此，我在值班长某某的大力支持下，与大学生心理志愿者一起深入世博园区踩点，了解'小白菜'们的需求，采用自己在长期的实践中自编的一套小球操，结合园区志愿者的实际情况，自编了一套小球减压操，为世博园区的'小白菜'做了《小球在我手中，世博在我心中》的小球减压训练，为志愿者进行放松，释放压力。"07号写道："一是根据服务对象不同深入第一线，主动上门服务……二是注重培养团队的凝聚力、战斗力，采用组内自我培训、督导，以老带新、个案讲解等方式互帮互学，取长补短……三是开拓一些新的工作方法，如建立工作日记簿、值班组交接簿、每日汇总表等……。"

对工作团队的认可，即志愿者对于工作团队十分认可，产生了积极的感情，团队成员之间有积极的情感联结和正性的支持，有较好的团队凝聚力。例如01号写道："从挑战自我到聚集力量形成家庭般的工作氛围后，我们7月组的每个人都有了最大程度的自我成长，不论做什么，都能得到'家庭'的鼓励和支持更有配合……在共同配合的工作中，我们'家庭'的每个成员都加深了彼此了解，除了工作感情外，个人的友谊也在与日俱增。"04号写道："一个月，我们成为一家人，忘不了一块吃冷饮的日子，忘不了一起吃下午茶的日子，忘不了暴雨把我们滞留在办公室的日子，忘不了盖在身上的那条毛毯，忘不了放在面前的那杯热茶，忘不了我们一起走过的火热的八月。"

投入自我成长，心理专业服务行业本身会要求实践者不断继续学习和自我探索，投入精力和时间进行促进自我成长的活动也意味着个体出现了某种承诺的状态，这一点在部分志愿者的叙述中也有所体现。例如02号写道："另一项是自行组织专题讨论活动……我也将实践中积累的关于情感障碍、亲子关系障碍、心身疾病等个案的咨询过程和大家一起分享。我们还积极地进行自我探索，包括探讨成长经历、生活大事件的影响以及个人的价值信念等等。"06号写道："让'奉献、友爱、互动、进步'的志愿精神不断扩展和延伸，把世博会'理解、沟通、欢聚、合作'的理念，融入到我的工作中，在为后世博建设中不断贡献自己的力量。我不仅要作好本校的心理健康教育工作，而且还要做好社会兼职工作……我要更多地为同行业心理教师服务奉献。"

志愿者如何应对挑战从而出现某种承诺状态？在文本中可发现三种个人内在或外部的资源，多数志愿者会在陈述中提及一种以上的资源。

内部动机。动机是激发和指导个体行为和认知的内部状态，而所谓的内部动机指的是个体受到所从事的活动内在特点，掌握新事物的乐趣或活动的自然结果而激发的动机，相比外在的奖励而言，具有高内部动机的人被发现对活动有更高的投入，更有创造性，也更有成效[11]。在本章分析中的活动指的是以志愿者的身份从事专业心理服务，在文本分析中发现，志愿者的内部动机包括强调志愿者身份带给自己的巨大激励作用，例如03号写道：“面对众多游客各种各样的问题，我沉着应对，一一解答，很有一种充实感和成就感。这种感觉，又和之前作为心理咨询志愿者的感觉不相同了，我想是因为自己更能贴近世博会、更能贴近广大游客，有一种切切实实的感觉……我热爱志愿者工作，并珍惜曾经的世博志愿者身份，相信自己一定会再接再厉，在今后继续做好各类志愿者服务。”06号写道：“举世瞩目的世博会激发了我投身其中的强烈愿望，想为世博出一份力是我的心愿，为此，我报名参加了世博心理志愿者”；从事专业服务本身给自己的巨大激励作用，例如02号写道：“我们同样以自己的专长奉献世博，这份经历让我们自豪和快乐。”03号写道：“本着‘世博会的要求、来访者的需求、是我们的追求’的工作目标，我们下定决心要做好这次的心理咨询志愿者”；以及挑战自我局限带给自己的激励，01号写道：“至少在三天内，我无法真正进入工作状态，内心极其煎熬着，一直想着先生的建议，甚至怀疑自己选择做志愿者是否是一个错误的决定。好在，我不断提醒自己：‘你是否尽力了，还可以再坚持吗？’”

外部强化。由于“增爱世博”服务项目是一个志愿服务的项目，因此财物回报并不是重要的奖赏来源，此处的外部强化指的是从事“增爱世博”服务项目过程中服务对象和上级组织机构给志愿者的肯定，如口头的赞赏、感谢和荣誉称号等。例如02号写道：“组长还带领大家为园区的‘小白菜’志愿者开展团体心理辅导，在这项活动中，几位来自华师大的心理系研究生志愿者发挥了各自的专业技能，深受园区志愿者们的欢迎。”05号写道：“当看到来访者满意地离开咨询室或听到他们一句简单的感谢时，我都会感到很快乐，体会到付出后的收获。”06号写道：“活动结束后，志愿者们对这种简单易学易练的小球减压训练恋恋不舍，争相留下了灿烂的笑容，这让我感到了莫大的鼓励。”06号还提到：“一个月的志愿者服务时间是短暂的，但她却坚定了我奉献的信念，历练了我的意志，更让我感到高兴的是，我被光荣地推选为世博志愿者之星。”

社会支持。这些支持包括来自同伴/工作团体和上级管理者的各种情感支持和工具性支持（物资、信息等）。例如01号写道：“在努力克服着我个人的不适应时，同事们给了我莫大的精神支持。他们的理解和安慰让我放松了许多。这让我逐渐从自我关注中走出，开始观察、融入跟他们每个人的互动和工作上的相互协调、配合上。从他们身上，我学习汲取着自己欠缺的部分……”02号写道：“两位组长在工作中以身作则，组员们服从领导，积极配合，确保9月份工作得以顺利完成……一个月的心理咨询师志愿者工作顺利结束，世博局工会也对我们的工作给予极大的支持和肯定。”05号写道：“很感谢增爱基金会提供了这个平台，让我们有了在实践中学习的机会。在老师们耐心的指导和帮助下，我学会了音乐放松仪的使用，以及一些咨询的方法和技巧。”07号写道：“因为心理服务工作是崭新的、非标的，所以各级领导给以了全方位的支持和保障。在物质上提供固定工作场所，进行装修，专业配置……在财力上确保资金及时到位；在专业上提供心理专家团队支撑，确保了我们的专业服务水准。”

三、讨论

本节尝试通过对于志愿者征文比赛的7篇文稿的分析来考察“增爱世博”心理服务项目的志愿者的服务体验，尤其是服务给他们的自我认同所带来的影响。总体而言，这7篇文稿都将自己的服务经历视为十分积极正向的体验。鉴于征文稿件都是从第一人称的视角来描述他们在服务过程中的体验和感悟，“我”不仅是叙事者，也是被描述的对象，适合用来分析在这段特定的经历中，这些志愿者是如何知觉作为专业心理服务项目的志愿者这一自我身份的？哪些因素会给他们的这一自我身份带来挑战？是否能最终达成承诺状态，以及这种状态会有什么表现？如果能够达成承诺状态，哪些因素会帮助这一状态的达成？

本节的分析参考了马西亚的理论观点，马西亚把自我认同分为两个维度，探索和承诺，前者指的是个体努力寻求适合自己的目标、价值和理想等的过程，后者指的是为这些目标、价值和理想投入时间和精力，做出自我牺牲，通过探索和承诺建立自我认同[10]。使用这一理论背后有一个潜在的假设，即“增爱世博”心理服务项目会给志愿者带来某种自我认同上的挑战，因而需要志愿者通过探索和承诺来建立新的自我认同，而志愿者对服务经历的自我陈述中会包含这些过程。之所以采用这个假设是因为对于所有的志愿者而言，在世博会这一大型公共活动中从事专业服务，而且是以志愿者的身份参与都是一个全新的经历。

在阅读文本中发现，在7篇文稿中，有6篇都不同程度地同时涉及了可归为挑战/危机、探索和承诺的内容，尤以01号的陈述最为清晰。他们所提及的挑战/危机和上节问卷中开放问题的内容十分类似，主要提及的是因为特殊的工作设置与庞大的工作量(如12小时的工作时间)对个人的挑战，以及服务的对象和其所具有的需求对于专业能力的挑战。这些挑战有一些是和大型公共服务活动的特点有关的，例如组织的结构庞大且较为复杂，作为服务对象的工作人员和志愿者在背景和需求上都十分多样，因为特殊的工作日程安排而使得服务对象寻求心理服务的时间相对有限等，而另一些则反映了“增爱世博”心理服务项目在项目设计上可能存在的一些限制，例如服务时间过长，工作环境和设备无法完全满足服务需要等。在遭遇挑战/危机时，内部的动机、外部的强化和社会支持这三类资源会帮助志愿者持续地探索，并做出承诺，表现出对专业志愿者身份抱有积极的情绪，在专业服务上的高度投入和创新，对于工作团队的认可，以及自发投入时间和精力在服务过程中进行服务所并不要求的自我成长。这给今后为大型公共服务活动所设置的心理服务项目的启示是，需要在项目的设计和管理时要考虑如何调动专业心理服务人员的内部动机，如何给予他们适当的外部的强化和提供良好的社会支持。

本节的研究所分析的征文稿件的应征率为13.6%(学生群体和咨询师群体的应征率分别为6.7%和20.7%)，因而和上节的研究一样，同样存在着样本偏倚的问题。很有可能参加征文的志愿者是那些对项目和自己作为专业志愿者的身份认同度较高的群体，而且/或者项目给了他们一些促发个人认同危机的刺激，而他们对那段经历的陈述反映出的则是从探索到获得某种承诺状态的过程；而那些未参加征文的志愿者则对于“增爱世博”心理服务有不同的体验，他们可能因为这样或那样的原因并未达到承诺的状态，或者“增爱世博”心理服务项目并未引发任何的自我认同危机(在上节问卷调查开放问题的分析中，有部分志愿者回答这段经历并未给自己带来任何挑战)，因而也就不会引发叙述这段自我体验的动机。但可惜的是，现有的材料无法提供足够的信息来分析或推断未参加征文的志愿者是否具有某种共性，而这种共性是否又和他们在项目中的体验有关。

参考文献

[1] 周红梅、郭永玉. 自我同一性理论与经验研究. 心理科学进展，2006，14(1)：133—137.
[2] 石伟、李林. 志愿行为对个人幸福的影响. 心理科学进展，2010，18(7)：1122—1127.
[3] 李国武. 大学生对志愿活动的参与及影响因素——来自某高校抽样调查的发现. 北京青年政治学院学报，2010，19(3)：11—18.
[4] 中国2010年上海世博会官方网站 http://www.expo2010.cn/abzyz/indexjn.htm.

[5] 高金金、訾非、何明华、宗春山. 2008 北京奥运会大学生志愿者志愿动机研究. 中国健康心理学杂志，2011，19(1)：101—103.
[6] 吴鲁平. 志愿者的参与动机：类型、结构——对 24 名青年志愿者的访谈分析. 青年研究，2007，5：31—40.
[7] 曲清和、訾非、何明华、宗春山. 大学生奥运志愿者志愿工作心理压力研究. 中国健康心理学杂志，2011，19(1)：101—103.
[8] 尚秀花、唐云翔、徐淼、潘霄. 奥运会志愿驾驶员心理健康状况及干预对策. 解放军护理杂志，2009，12(26)：30—32.
[9] 伊凡希雅・莱昂斯，阿德里安・考利著，毕重增主译. 心理学质性资料的分析. 重庆：重庆大学出版社，2010.
[10] 徐薇、寇彧. 自我同一性研究的新模型——双环模型. 心理科学进展，2010，18(5)：725—733.
[11] Benjamin B. Lahey 著，吴庆麟等译. 心理学导论(第九版). 上海：上海人民出版社，2010.

附录 8－1：“增爱世博”心理服务项目志愿者服务体验调查问卷

指导语：感谢您参加世博心理服务项目！项目的结束并不意味着我们这个团队的解散，为了更好地总结这次的经验和教训，也为了长期保持这支队伍的更好的合作和联系，复旦大学心理学研究中心设计了这份调查问卷，请您尽量按照您的真实想法和感受来填写所有的项目。您所填写的所有资料，复旦大学心理学研究中心承诺将完全保密，如引用您的资料，也不会透露任何您的个人信息。如果您在填写问卷中有任何疑问，请与我们联系。谢谢你的合作，保持联系！

一、基本个人信息

性别： 年龄： 最后学历： 职业：

1. 您从事心理咨询的资质：
2. 您从事心理咨询的年限(请换算到月)：
3. 您在过去一年中从事心理咨询的小时数(请估算)：
4. 您在过去一年中从事心理咨询的主要服务对象(可多选，请加粗选项)：
   A. 学校 B. 企事业单位的 EAP 服务 C. 私人开业 D. 医院
   E. 社区 F. 其他(请填写)：
5. 您从事心理咨询的主要取向(请加粗选项)：
   A. 精神分析和动力学 B. 认知行为 C. 人本主义
   D. 夫妻和家庭治疗 E. 音乐治疗 F. 焦点解决
   G. 折中取向 H. 其他(请注明)：
6. 心理专项服务的时间(请加粗选项)：
   A. 5月 B. 6月 C. 7月 D. 8月 E. 9月 F. 10月
7. 是否是志愿者组长(请加粗选项)： A. 是 B. 否

二、对本次服务的自我体验和自我评价

指导语：请仔细阅读下列条目，在代表您真实感受的数字上加粗，0 代表您

的感受最低(如：完全不满意，完全不困难，完全无压力等)，10代表您的感受最强烈(如：非常满意，非常困难，压力非常大等)

1. 您对“增爱世博心理服务项目”整体项目有多满意
   0 1 2 3 4 5 6 7 8 9 10
2. 您对自己志愿服务的总体质量有多满意
   0 1 2 3 4 5 6 7 8 9 10
3. 您觉得本次志愿服务在专业上有多困难
   0 1 2 3 4 5 6 7 8 9 10
4. 您觉得总体上本次志愿服务能让您在专业上获得多大的成长
   0 1 2 3 4 5 6 7 8 9 10
5. 您觉得总体上本次志愿服务的工作压力有多大
   0 1 2 3 4 5 6 7 8 9 10
6. 您觉得所在服务小组总体的专业工作质量有多高
   0 1 2 3 4 5 6 7 8 9 10
7. 您对本次志愿服务的工作条件有多满意
   0 1 2 3 4 5 6 7 8 9 10
8. 你对本次志愿服务的组织工作有多满意
   0 1 2 3 4 5 6 7 8 9 10
9. 您觉得自己在本次志愿服务中多大程度上遵守了专业伦理的要求
   0 1 2 3 4 5 6 7 8 9 10
10. 您觉得其他同伴在本次志愿服务中多大程度上遵守了专业伦理要求
   0 1 2 3 4 5 6 7 8 9 10

三、对志愿服务工作的内容和服务对象的感受和想法

指导语：请仔细阅读下列条目，在能代表你真实感受的数字或字母上加粗，或把符合的数字或字母写在答题处。

1. 按照您从事志愿服务的体验，您觉得您服务的对象所遇到的主要问题和困难是什么(请按照问题的突出程度从高到低把字母写在横线上)

   ____

   A 工作压力　B 职业规划　C 工作场合的人际关系　D 工作待遇
   E 个人的家庭和亲密关系问题　F 创伤事件　G 其他(请填写)________
2. 按照您从事志愿服务的体验，您觉得在您的工作中，所使用的服务方式的频

率是(请按照使用的频率从高到低把字母写在横线上)

____

A 团体辅导 B 个体咨询 C 音乐放松 D 心理测评 E 其他放松训练

F 其他(请填写)________

3. 按照您从事志愿服务的体验，您觉得在您的工作中，所使用的服务方式的有效程度如何(0 代表完全无效，6 代表非常有效，请加粗数字)

A 团体辅导	0	1	2	3	4	5	6
B 个体咨询	0	1	2	3	4	5	6
C 音乐放松	0	1	2	3	4	5	6
D 心理测评	0	1	2	3	4	5	6
E 其他放松训练	0	1	2	3	4	5	6
F 其他________	0	1	2	3	4	5	6

四、关于本次服务项目的其他感受和想法

指导语：下面的问题都是开放问题，主要是想了解您对整个志愿者服务项目的建议、意见和思考；请您按照您的真实感受和想法回答，字数不限。您的回答会对项目经验和教训的总结和提炼有非常大的帮助。

1. 您觉得对您而言，本次志愿服务在专业上的困难和挑战是什么？
2. 您觉得对您而言，本次志愿服务对您个人而言存在什么困难和挑战？
3. 您觉得对您而言，本次志愿服务在专业上给您带来哪些收获和成长？
4. 您觉得对您而言，本次志愿服务对您个人而言带来哪些收获和成长？
5. 您对大型公共活动中提供类似的心理服务有何建议和意见？

再次衷心感谢您的耐心填写

感谢您愿意分享自己的感悟和思考

如果您对本问卷有任何疑问，请和我们联系

第三篇

启示与展望

第九章

对策与建议

随着中国社会的发展和进步，会有越来越多的大型公共活动，心理学的全面有效的参与对保证大型公共活动的效率、质量都起着重要作用。通过这次世博心理服务项目的总结和反思，我们也对以后开展类似活动提出一些对策和建议。

第一节　进一步开拓心理学参与大型服务活动的范围

(一) 密切关注志愿者的心理动向，加强对志愿者的心理辅导

在大型社会活动志愿服务中，志愿服务工作中志愿者众多，服务领域广泛。在服务过程中，由于岗位性质、岗位工作量不同，造成每一个志愿者在自己的岗位上都有不同的体验，这就难免造成一部分志愿者存在心理反差。例如，在世博会期间，有许多志愿者并不在世博园里，或者在世博园的核心区参与服务，比如交通志愿者、安保志愿者等。同时，在同一工作地点上可能存在若干不同使用单位的志愿者岗位，但由于使用单位在调动使用、后勤保障等方面有意或者无意地会存在差异，造成了各使用单位志愿者之间存在横向比较，也会造成志愿者的不同的心理反应。

组织者密切关注志愿者的心理动向，每天志愿者服务结束以后，除了总结一天工作中出现的各种问题以外，重点放在梳理志愿者的心理问题，通过个别谈话，与志愿者所在单位，以及志愿者使用单位进行积极沟通等方式，解决好可能引起他们心理挫折的因素，帮助他们消除心理压力，让他们在服务过程中能够舒心开心。同时，积极在各使用单位间加强协调沟通工作，尽可能保证各使用单位在对待志愿者的态度上做到一致性。同时任何部门出现问题，我们都会及时介入、及时沟通、及时解决。

（二）心理学参与大型活动应该是全方位、全流程，以及全员的

这次世博增爱心理服务活动项目，是从2010年5月份开始，10月份结束。但申办上海世博会时间是从2001年5月，即中国政府通过外交途径向国际展览局递交举办2010年上海世博会的申请函。世博会正式开始是2010年的5月份，志愿者的解散时间在2010年的12月份。通过两个时间点的比较，我们会发现增爱心理服务活动项目开始的时间晚，结束时间早，因此该项目的影响力以及影响的范围就受到了非常大限制。

我们认为，从纵向来看，心理学的参与应该开始早，从世博会申办之初的战略规划开始，到世博会运营方案的制订过程中，心理学专家的早期参与是非常重要的。而心理服务的结束应该一直持续到世博会所有工作人员和志愿者的善后安排等。

从横向来看，心理学服务大型活动应该不仅仅局限在志愿的心理咨询服务方面，还应该包括在大型活动中出现的群体突发事件等应对处置、世博工作人员和志愿者的人力资源管理和培训，社会心理学的应用，在场馆设计过程中环境心理学、工程心理的应用、交通安全心理、广告宣传心理等等方面。

以广告宣传心理学为例来看，广告宣传心理主要是研究广告信息传播过程中消费者的心理现象与购买行为之间的关系，将心理学的方法和知识运用于广告。比如从广告受众的知觉、兴趣、记忆考虑发布广告的大小、形状和色彩等，从心理学的角度研究媒体的特性，分析媒体的效果，等等。有创意的广告往往能够满足受众的情感诉求。比如黑芝麻糊作为普通食品，广告诉求难度比较高。南方黑芝麻糊广告创意从情感诉求入手，采用统一的暖色调，用回忆手法把人带到芝麻糊的香甜可口中，达到引发人的欲望的目的。熟悉的音乐与怀旧的情景配合相当完美，中心画面是一个小男孩舍不得放下碗而不断舔碗。镜头用了大特写，“一股浓香，一缕温情”，道出了中国人传统美德和真挚情感。

世博会从申办伊始，就非常重视广告宣传。在申办世博会时，聘请了著名导演张艺谋制作了世博宣传片。张艺谋在申奥片中烙下的标记式“微笑”，人的微笑，城市的微笑。申博宣传片中，贯穿始终的是传唱全世界的中国民乐《茉莉花》，将此作为主题具有鲜明的中国特征、江南特色、上海特点，人情味很浓。世博组委会还拍摄了“中国的机遇，全球的盛会”、“会徽篇”、“报时篇”、“呼吸篇”、“海宝魔术师”、“我们的城市，我们的世博会”等系列的世博宣传片和专题片，在广播电视、楼宇电视等媒体播放。举行“走近世博会巡展”、“世博会全国宣传周”

等，不仅在内地的北京、上海、广州等大城市，而且还在香港、澳门和台湾举行，还到了日本、韩国和法国等地举行，还走进了纽约的联合国总部。另外就是借力国际顶级赛事进行推介，利用全球拥有6亿观众的F1中国大奖赛宣传世博。但以上效果更多还是凭个人主观感觉，如果进一步利用定量的实验心理学的研究方法就能够增加其科学性和有效性。

第二节 聚合各方力量，发挥社会和民间非政府组织的作用

多数大型活动的财政支持来自政府，同时，也有很多来自民间的捐助。比如北京奥运会采用了绿色环保的太阳能热水系统，该项目主要利用了意大利政府对中国政府的环保捐赠项目，项目费用大概是400万欧元。再如奥运村里的"运动员服务中心"的小建筑，是"微能耗"建筑，大概有2000多平米，该项目也是一个国际捐赠项目。

民间力量除了通过捐助资金助力大型活动基础建设以外，他们还直接帮助大型活动的服务项目，帮助夯实大型活动的软基础。

对于社会资源，存在政府运作的国家机制、企业运作的市场机制、非政府组织运作的社会机制等三种配置机制。在计划经济时代，我国城镇每个人隶属于不同的单位组织，农民属于人民公社，这种体制既发挥生产的职能，还具有组织协调内外关系，保护内部群体利益，保证政策落实的作用。在这种情况下，国家机制在社会资源配置中发挥关键性作用，其也表现出能够按照中央决策，集中力量办大事的突出优势。但是，这种体制运作反应迟钝，成本大。因此，在强调政府和企业作用的同时，注重非政府组织的社会作用，将会取得显著的效果。这些非政府社会组织受理念和使命所驱动，较少地受国家政治、经济利益的影响，他们掌握着一定的社会的人力、物力和智力资源，而且组织比较健全，分布广泛，专业素质高，技术力量强，能够比较客观、公正地从社会道义、公益的角度履行其社会职能，它们可以成为政府与社会互动的桥梁，推动社会治理结构的改善。从国际上看，越来越多的国家或地方政府在提供服务机会，并通过非政府组织运作服务流程。

本次上海世博会心理服务项目在组织形式上具有一定的普遍意义，实现了政府、民间和专业机构几个方面力量的整合。由世博管理局领导、搭台和协调，增爱基金会提供项目资金和监管，复旦大学联合在沪的部属重点大学对整体方

案的设计策划和督导以及心理咨询行业协会的组织和参与。在此过程中，具有心理咨询相关知识和实践背景的志愿者参与对世博志愿者和工作人员的心理服务，沪上心理学专家组成的专家组从世博会心理咨询志愿者的选拔、培训到心理服务的场地、工作内容的设计，以及服务过程进行全程督导，同时作为主办单位的增爱基金会除了提供资金的支持还对整个项目进行全程质量监控，检查、验收及总结。这个模式可以作为今后类似活动的进一步借鉴和推广。

第三节　加大政府财政投入，采购 EAP 服务

（一）北京奥运会和上海世博会的资金投入

中国政府下属的奥林匹克研究中心估算，2008 年北京奥运会总计投入 420 亿美元，折合人民币 2900 亿元。其中，奥运设施与运作开支仅占人民币 318 亿元，另有人民币 713 亿元用于治理环境。奥运总支出的绝大部分（约人民币1800 亿元）用在了道路交通等基础设施方面。

奥运场馆投资预计在 130 亿元人民币之内，其中，中央和地方财政投入约占一半，另一半资金来自社会的融资，包括港澳台同胞、海外侨胞的捐赠。这些投资包括新建场馆 12 个、改扩建场馆 11 个、建设临时性场馆 8 个、改造独立训练馆 45 个，这些场馆是直接为举办奥运会新建或改扩建的。

上海世博会的场馆建设总投资为 180 亿元，营运费用为 106 亿元。其中，80 亿元来自国家发改委批准的世博债券，72 亿元来自上海市财政投入，另外 28 亿元主要依靠银行贷款；另一个数字 106 亿元，指的是世博会期间的营运费用，主要依靠门票收入、赞助商和特许产品销售来填补。据悉，这两部分费用共计 286 亿元，已经列入了上海世博会《注册报告》并交由国际展览局大会通过。

（二）列入预算，民间大型活动组织成熟以后，可以政府埋单，购买 EAP

在现代的工作场所，EAP 已经成为了一种常规化的实践。员工援助计划（EAP）服务涉及个人生活、工作问题和组织发展等三个方面。自 20 世纪 80 年代以来，员工援助计划在英国、加拿大和澳大利亚等发达国家有了长足的发展。根据统计，在世界 500 强企业中，有 80%以上的企业都建立了 EAP 服务体系，在美国本土，接近四分之一的企业员工享受 EAP 服务。值得注意的是，一些政府也对 EAP 表现出越来越积极的态度，甚至还通过立法来加强对于 EAP 的监管，以促进 EAP 更加规范，得到更广泛的传播。2004 年 12 月，徐汇区人民政府

的 EAP 项目正式启动，标志着 EAP 正式进入我国政府机构。

在中国，EAP 服务模式是从进入中国的外资企业开始的，他们带来了包括 EAP 在内的现代管理理念和方法。摩托罗拉、惠浦、思科、诺基亚、杜邦、宝洁等企业在中国境内实施 EAP 项目。国内企业如联想集团、国家开发银行、上海大众集团等成为了 EAP 服务对象。

EAP 实施模式主要有外设模式、内置模式、整合模式、共同委托模式和联合模式。外设模式是企业将员工援助项目外包，由外部专门从事心理咨询的机构提供服务。内置模式是企业设置专门部门，聘请专职人员，为员工提供服务。整合模式是将内置和外置结合起来的模式，企业与外部专业机构合作，共同为员工提供服务。共同委托模式是多家企业共同委托外部专业咨询机构，向员工提供服务。联合模式是多家有长期合作的企业联合成立一家专门的 EAP 服务机构，招聘专职人员提供员工援助计划。

由于像世博会这样的大型活动常常发生在特定的时间段之内，时间短，只有 100 天左右，心理服务的对象主要针对世博志愿者，而这些志愿者都是临时招募的，外设模式是比较恰当的。该模式专业性强，服务周到，提供最新的信息和技术。

这次世博会心理服务主要是有增爱基金会赞助，我们设想，在将来的大型活动中，将心理服务项目纳入预算之中，可以采用由政府买单，政府向社会购买 EAP 服务的形式，这样就可以为大型活动的心理服务提供更加坚实的经济保障，也可以推动 EAP 在中国的发展，从而使之更加规范，发挥更大的作用。

第四节　实施项目全流程评估，形成行之有效的行动模式

上海世博会是一项复杂的系统工程，具备大项目的特点。任务专门，目标明确，存在多个项目组，资源有限，时间有限。世博会全过程贯穿了系统工程思想，是基于团队管理的个人负责制，方法、工具和手段具有先进性和开放性。整个的管理从项目的规划到实施，再到项目评估。

在对世博心理服务志愿项目的评估过程中，首先需要实现评估理念的转变。以前当谈及志愿者时，人们常常将其与无私忘我、艰苦奋斗的奉献精神联系在一起。我们认为，不容置疑，志愿服务需要大力弘扬忘我的奉献精神，但与此同时，作为志愿队伍的组织者和管理者来说，保证志愿服务能够在不断提高服务质量

的同时,如何能够使得这项有益于社会的事业基业长青却是一项值得不断探索的任务。我们认为,在此过程中,牢牢把握以人为本,促进志愿者与志愿服务事业同步协调发展是解决这个问题的关键。作为管理者来说,如果一味地强调牺牲奉献精神,让参与服务的志愿者无暇顾及自身身体,无暇顾及自己的家庭,从长远来看,这必然会对服务志愿者身心造成伤害,是与社会志愿服务活动本身的目标和精神相悖离的,是难以长期为继的。我们主张,以志愿服务者为本,换位思考,将活动打造成园区工作人员、志愿服务人员成长和发展的平台,使得他们在服务活动的过程中,自身各个层面都得到提升。同时我们主张对参与活动的游客流量进行科学严格的控制,依法保障活动服务人员的休息时间,不要轻易加班加点,以保证工作人员的身心健康。

作为世博会项目的一个组成部分,世博心理服务项目评估包括对项目团队的评估、对项目计划评估、项目实施的评估和项目效果的评估。对项目团队评估简称为7S,即组织是否有新的方向(Strategy)、系统流程是否有效率(Systems)、心理服务志愿者是否熟悉流程(Staff)、需要具备的心理学的知识和心理咨询技能是否达到(Skills)、沟通方面是否误解减少(Style)、文化和精神如何分享(Shared values)、决策是否高效(Structure)。对心理服务项目计划进行评估简称5W1H,即执行任务的人员(Who)、需要执行的任务(What)、执行该任务的原因(Why)、执行任务的时间(When)、任务的执行地点(Where)、任务的执行方式(How)。对项目实施的评估主要涉及控制点的确认,主要有进展报告、风险应对、团队合作、团队文化等方面。对项目效果的评估主要采用询问法和交通灯法,询问的对象主要是你自己、团队以及项目发起人,以及相关的利益主体,比如世博志愿者。询问的内容主要是心理服务项目哪些方面进展顺利、哪些方面出了问题、在哪些方面将做出改进、心理服务项目哪些方面让世博志愿者受益、哪些方面还需要改进。交通灯法内容主要包括我们应停止做什么(红色)?我们需要考虑什么该继续,什么该停止(黄色)?哪些事做得很好,应该传授给其他人(绿色)?

世博志愿者心理服务项目评价的方法可以有主办方评价、信息采集人员现场随机抽样调查、评估专家委员会综合分析等方式。评估的时机可以在会前、会中、会后三阶段展开,制定评估的方案,明确评估的指标、组织专家团队,形成工作评估报告。

具体来说,参加世博会心理服务的志愿者都获得了由复旦大学和增爱基金会颁发的纪念证书，在一定程度上激发了志愿者参加志愿服务工作的意愿。为今后开展更多的大型社会活动心理志愿服务工作创造了良好的条件。但是，仅仅这样，还无法真正有效激励志愿者，因此应该建立科学、合理和易于操作实施的志愿者服务评价机制。通过制定科学规范的量化评价标准和考评办法，以志愿者上岗服务记录、使用部门评价、服务对象评价为主要考评依据，对顺利完成赛事服务的志愿者工作绩效进行考评。积极采取以下措施对这一问题进行试验和探索。一是让所有参加赛事服务的心理志愿者成为心理志愿者协会的注册会员，通过每个注册会员的志愿服务证记载志愿服务地点、服务时间、服务性质等内容，并以此作为年度表彰优秀志愿者的依据。二是对纪念证书进行完善修改，在证书背面，加载更多反映心理志愿服务地点、服务时间、服务性质等内容。这些措施的实施，可以在一定程度上提高对心理志愿服务的评价水平，但对于建立科学、合理和易于操作实施的志愿服务评价体系的目标，仍有很大的差距。

第五节　着眼未来，打造一支队伍，形成一种模式

上海世博会心理服务志愿者队伍主要由心理学研究生和社会志愿者组成，虽然进行了报名申请，面试筛选等过程，心理服务志愿者在心理服务过程中也表现出了高度参与的热情和较高的心理咨询的专业素养，得到了主办方的认可。但是，由于组成人员来自不同的社会群体，项目实施前期准备时间短，所以在活动中也表现出来组织沟通和协调不够顺畅等问题。

我们思考：随着我国进一步对外开放，以及融入世界社会和经济的发展浪潮，像世界博览会这样在中国举行的大型活动将来会越来越多，对心理服务的需求也会越来越多，心理服务质量的要求也会越来越高，因此通过本次世博会打造一支专业化的心理服务志愿队伍就显得更加的重要以及更加的紧迫。推而广之，在将来可能的突发事件中，心理服务志愿者也可以发挥他们专业化的作用，随时启动，参与危机干预。

（一）精心谋划，组建一支高素质的心理志愿者队伍

一支有热情、高素质的心理服务志愿者队伍可以保障大型社会活动心理服务工作顺利开展。心理服务志愿者招募和选拔工作既要满足大型活动志愿服务工作要求，又要满足以高校心理学和社会工作专业大学生为志愿者主要来源群体的客观实际，所以在进行心理服务志愿者招募和选拔工作中按照广泛性、代表

性、专业化相统一的原则，采用了定向招募与公开招募相结合、集体报名与个人报名相结合、网络申请与书面申请相结合的方式进行。在志愿者选拔工作中，按照岗位要求和岗位人数，通过报名表筛选，面试、政审等选拔程序，选拔一批基本素质好、精神面貌佳、专业技能强的志愿者，组建一支高素质、高水平的心理服务志愿者队伍。

（二）系统培训，全面提高心理志愿服务水平

对全体志愿者进行相关培训是开展大型社会活动志愿服务工作的重点。培训工作既是为活动志愿服务工作的顺利开展提供必要的保证，更重要的是要通过培训，帮助广大志愿者树立责任意识，强化服务理念和提高志愿者综合素质。在心理志愿者培训中，切实抓好科学、系统、分级、分类的志愿者培训，并有意识地突出实践环节，全面提高心理服务水平。培训工作中，充分考虑活动培训要求、培训内容和培训时间的差别，采取灵活、有效的培训方式。按照世博会对志愿者的要求，通过邀请领导或专家专题讲座、实践环节和岗位演练等方式，进行了通用培训、专业培训和岗位培训。同时，专门编写了《心理服务志愿服务手册》作为通用培训的参考教材。如果心理服务志愿者分散在不同高校或者不同区域的实际情况，可以采取在各校建立培训点，通过分散培训、集中演练的方式完成培训任务，以良好的培训效果确保活动的圆满成功。

（三）以电子信息化管理平台建设为抓手，建立心理志愿服务工作长效机制

尽管本次世博心理服务表现优异，成效显著，但是由于时间紧，任务重，在招募、培训和使用志愿者等方面仍然存在着许多问题。我们认为，可以建立心理服务志愿者的电子化信息平台，依托这个平台，不仅仅有利于对心理服务志愿者个人信息进行电子化管理，同时还可以实现申请过程、招募甄别过程，以及志愿者的资格认证、活动量信息的信息化，更重要的是可以实现信息发布和回馈的及时高效，心理服务需求方和提供方真正实现线上线下的良性互动。并且，在未来提升心理服务志愿者业务素质过程中，还可以通过 E-learning 平台，实现远距离实时学习，并对学习效果进行及时评估。通过以上措施，争取选拔、培养、锻炼一支高素质、专业化、有奉献精神的心理服务志愿者队伍，为其他大型社会活动的志愿服务工作做好充分的准备。

参考文献

[1] 沃尔特. D. 斯科特著. 广告心理学. 北京，中国发展出版社，2007.

[2] 黄合水、陈培爱著.广告心理学(第 3 版).厦门,厦门大学出版社,2010.
[3] 张艺谋拍摄世博形象宣传片 31 日跨年晚会首发,人民网世博频道,2010－12－29.
[4] 科兹纳.项目管理:计划、进度和控制的系统方法(第 10 版).北京,电子工业出版社,2010.
[5] 邓田生.项目管理.上海:上海交通大学出版社,2010.

图书在版编目(CIP)数据

心理学在大型公共活动中的应用：以上海2010年世博会为例/孙时进编著.—上海：上海三联书店，2013.11
ISBN 978-7-5426-4169-4

Ⅰ.①心… Ⅱ.①孙… Ⅲ.①社会服务-应用心理学 Ⅳ.①C916

中国版本图书馆CIP数据核字(2013)第077700号

心理学在大型公共活动中的应用：以上海2010年世博会为例

编　　著 / 孙时进

责任编辑 / 冯　征
装帧设计 / 豫　苏
监　　制 / 李　敏
责任校对 / 张大伟

出版发行 / 上海三联书店
(201199)中国上海市都市路4855号2座10楼
邮购电话 / 24175971
印　　刷 / 上海惠顿实业公司印刷部

版　　次 / 2013年11月第1版
印　　次 / 2013年11月第1次印刷
开　　本 / 710×1000　1/16
字　　数 / 200千字
印　　张 / 11.5
书　　号 / ISBN 978-7-5426-4169-4/B·278
定　　价 / 33.00元

敬启读者，如发现本书有印装质量问题，请与印刷厂联系 021-56475597